华夏智库

华夏智库·新经济丛书

李 励 著

分享思维

——分享经济时代下的商业思维法则

FENXIANG SIWEI

FENXIANGJINGJISHIDAIXIADE
SHANGYESIWEIFAZE

经济管理出版社
ECONOMY & MANAGEMENT PUBLISHING HOUSE

图书在版编目（CIP）数据

分享思维：分享经济时代下的商业思维法则/李励著 .—北京：经济管理出版社，2018.6

ISBN 978-7-5096-5746-1

Ⅰ.①分… Ⅱ.①李… Ⅲ.①商业经营 Ⅳ.①F715

中国版本图书馆 CIP 数据核字（2018）第 082762 号

组稿编辑：张　艳
责任编辑：赵亚荣
责任印制：黄章平
责任校对：陈　颖

出版发行：经济管理出版社
　　　　　（北京市海淀区北蜂窝 8 号中雅大厦 A 座 11 层　100038）
网　　址：www. E-mp. com. cn
电　　话：(010) 51915602
印　　刷：三河市延风印装有限公司
经　　销：新华书店
开　　本：720mm×1000mm/16
印　　张：11
字　　数：128 千字
版　　次：2018 年 6 月第 1 版　2018 年 6 月第 1 次印刷
书　　号：ISBN 978-7-5096-5746-1
定　　价：39. 80 元

推荐序 1

改变思维　改变世界　改变人生

孔庆斌

ISPI 中国区副主席、组织绩效改进顾问、黑马会导师、京东众创学院导师、北京大学经济学院导师、原大联想学院院长

非常开心看到李励的著作《分享思维——分享经济时代下的商业思维法则》一书正式出版，也非常高兴能够先睹为快并荣幸受邀写几句读后感。

李励算是我的学生，一次深圳的企业家代表团来联想参观，他在其中，听我介绍联想的创新发展，非常入迷。课后他主动给我留了名片，邀请我到深圳的时候一定去他们公司看看。很快，我有机会去深圳出差，正好有点空闲，就约了李励，他马上就安排了时间请我到他的公司。记得当时他的网站改版升级，他和小伙伴们都好几天没有休息了，但是在跟我介绍他的成长经历和正在做的事情时，还是激情澎湃，看不出任何疲惫。他传奇的成长经历和奋斗过程，尤其是当时所做的创新创业探索，让我油然产生了敬佩之心，

非常庆幸能有这样的有使命感和责任感的朋友。

关于李励的这本书，我读后非常激动。因为他作为一个实践者，把分享经济的本质做了系统的阐述，对新经济的本质、互联网时代商业的趋势做了深刻的揭示。全书观点可以概括为：分享经济就是未来经济发展的世界潮流。

孙中山先生曾经在中国革命的大转折时期说过：世界潮流，浩浩荡荡，顺之者昌，逆之者亡。在互联网技术带来的第三次产业革命的转折时期，分享经济的潮流也是如此，势不可当，顺之者昌，逆之者亡。

客观的世界是无法改变的，改变世界的唯一方式是改变我们的认知，也就是看待世界的角度。改变了认知，就可以看到全新的世界，看到分享经济带来的资源利用效率的提升，坚信每个人都可以成为自己资源的主人，成为自由的个人贡献者，看到全新的、生机勃勃的资源和价值共享交换的共赢互助的世界，从而全身心投入分享的洪流中，畅享服务更多人也被更多人服务的全新人生。

好了，现在开始，进入李励给我们奉上的缤纷多彩的分享世界的"万花筒"，去探索分享的奥妙，创造自己的全新人生吧！

祝你收获满满，人生从此而不凡！

推荐序 2

创新　跨界　融合

陈　贵

中国管理科学研究院企业管理创新研究所所长、京 WORK-北京码头创始人董事长

《分享思维——分享经济时代下的商业思维法则》围绕分享经济时代下的商业思维法则，深入浅出地对新时代下的新思维、新模式提出了详尽的理论依据。李励作为我院特约研究员以及创新所互联网分享经济新模式研究中心主任，对于分享经济下的企业经营之路有着独树一帜的见解。感谢能够在新书出版前先睹为快。

在当前的大趋势、大机遇、大背景下，企业家积极践行国家政策，关注民生需求，大力推行"分享经济+共享价值"理念，以技术创新为灵魂，以创举性的商业模式为亮点，积极融合我国互联网行业资源和推进我国互联网产业升级，成为移动互联网行业的引领者。

　　分享经济是互联网驱动下的一个大变革，它通过互联网打破空间地域限制，连接碎片化资源，有效整合，提升互动和交易的效率，重塑了人与人之间的关系，让资产、资源、技术、服务的所有者，能够通过第三方平台分享给有需求的人，从而获得利益。被分享者可以更低的成本、更便捷的方式，获得更有品质的服务。

　　看了这本书，我受益匪浅，本书从理论依据到实践支撑，列举的案例经典、清晰。李励在从理论到实践的过程中是一个佼佼者，也是一个知识受用者和分享者。知识的扩散何尝不是分享经济的一部分呢！

　　各位读者朋友接下来一起用心阅读李励的《分享思维——分享经济时代下的商业思维法则》吧，祝你有一个好的收获。

推荐序 3

思维格局决定你的人生高度

付　饶

深创学院创始人、窖主文化创始人、窖主俱乐部总窖主、新商业思维践行者、武汉大学楚商学院客座讲师、复旦大学 EMBA 客座讲师、新华网《时代英才》栏目专访企业家、《金融家》杂志 9 月封面人物、《茶酒金融》杂志封面人物、山东工商学院校友会常务理事、唐山深圳商会副会长

最近李励的全心力作《分享思维——分享经济时代下的商业思维法则》出版，拜读之后深有感触，不禁想说几句。

也许是因为每个男人都有一个征服蓝天的航空梦，我和李励因为一个通航公司的项目结缘，并逐渐成为无话不谈的至交好友。李励是一个奋发图强、坚韧不拔的人，在他脉果创业三年多的道路上，曾经遭遇过数次危机，身边的亲友都苦口婆心地劝他放弃，但"放弃"二字确实不曾出现在他的字典中，他始终坚定自己的目标和信念，一路坚持奋斗至今，这才有了脉果如今

的成绩。除此之外，李励更是一个古道热肠、热心公益的人，无论是个人还是企业，都参与过众多扶贫助困的公益项目。另外值得一提的是，他还在百忙之中成功拿到了航空驾照。他传奇的奋斗历程和闪光的品质格局，都让我为可以拥有这样一位才德兼备的朋友，感到由衷的荣幸。

李励的这本书，可以给在商海中浮沉的人带来很大的收获和启发。他在扎实的理论基础上，通过对自身实践经验的思考和反思，系统地阐述了分享经济的本质，深刻剖析了互联网时代下全球经济领域正在兴起的分享经济浪潮，揭示了新经济商业模式的特点和趋势，大胆地勾画了一幅分享经济的未来蓝图。

爱因斯坦说："思维世界的发展，在某种意义上说，就是对惊奇的不断摆脱。"在人类社会的发展史上，每一次重大变革，都无不根植于人类思维模式的革命性突破。毫不夸张地说，思维是进化的契机。因而，在日新月异的时代潮流和互联网时代的崭新经济形势下，传统的思想观念和思维方式已经无法满足分享经济时代的发展需求，必须根据现代化实践的发展，实现思维创新和思维方式转变。

虽然思维方式的改变，无法改变客观世界本身，但改变"从一而终"的思维，能够改变对世界认知的角度和高度，把握下一个经济风口——分享经济的关键命脉，灵活运用自身的技能、人脉等资源，从而在经济和商业形态转型的关键阶段成功地脱颖而出，拥有充满更多可能的人生图景。

以上，只能算作我个人的一点浅谈随想，要想真正地了解"分享经济"的神秘世界，还是要亲自到书中一探究竟，相信李励的真知灼见一定会让您受益匪浅。

话不多说，请开启您愉悦的书海之旅吧！

前　言

中共十九大报告对我国当前社会主要矛盾做出了新判断："我国社会主要矛盾已经转化为人民日益增长的美好生活需要和不平衡不充分的发展之间的矛盾。"新矛盾提出新要求，新时代赋予新使命，分享经济就是"我国经济已由高速增长阶段转向高质量发展阶段"的重要体现，尤其是与传统产业等实体经济融合发展之后形成的新动能，更是我国未来经济增长、社会发展的重要力量，还是未来经济发展的唯一商业模式。

分享经济之所以会成为未来唯一的商业模式，主要是因为传统经济是利益驱动、资本运作。在传统经济中，有些人将投机和营销当作经济发展的要素，为了卖出更多的商品而绞尽了脑汁；有的企业专心于营销和广告，自然也就无法用资本赚到更多的钱。

利益驱动和资本运作的经济发展模式强化了人性中的贪婪和自私，让社会经济发展的不合理性越来越强，贫富差距越来越大。而分享经济却有着重要的价值驱动和价值分享功能，其利用互联网等新技术进行分享，促使不合理的传统经济结构发生改变，使产能过剩的社会资源得到重新配置，每个人都能零成本地融入互联网新经济，通过分享等模式精准地使产品和需求实现连接，实现财富的生产和分配。

分享经济充分激发了人的创造力和创新力，实现了一个良性循环：培养需求，需求引导消费，消费定制生产，公平竞争多劳多得。这种分享是新时期"向高质量发展"的重要体现，即使是普通人，也能从社会经济发展中得到好处，更加促进了经济的健康发展。

通过价值驱动实现价值分享是大势所趋，也是有眼光的人的共识。但现在最大的问题是，传统的思维还没有转型，思维方式和商业模式故步自封。事实上，每个人的格局和高度不同，思维模式也就会不同，因而导致了不同的行为模式，形成了每个人不同的人生。思维模式就像一段程序，我们怎么编写，它就怎么运行。因此，改变命运，就是改变思维模式。

分享经济是一种新的商业模式，是新时期的经济，它不仅是经济策略和模式，也是一种关乎每个人未来生活方式的哲学命题，无论从理论上还是价值观上都为人类经济与环境的关系开辟了一条新出路。分享经济迫切需要我们大家来参与，通过分享，进而形成规模化共享，群体协同消费，快速引导市场转型。因此，不仅要认识到分享经济的发展大趋势并改变旧有的思维模式，同时也要了解分享的游戏规则并遵循它。分享是一种规则。一方面，随着移动互联网、物联网的出现，每个人对资源需求的苛求度会几何式地增加；另一方面，随着社会的发展，人们对资源的应用越来越多。但毕竟资源是有限的，所以，需要用新的规则让资源更加有效地匹配，以支撑整个社会和经济的稳健发展。

基于上述认识，本书着重讨论以下主要内容：指出分享思维是分享经济的核心；解析商业思维与资源配置方式的新变革；阐释分享经济下的协同创新之道；强调分享经济企业要与用户、合作者、竞争者和员工分享；给出企业捕捉分享经济红利四大战略；最后展示分享经济成功案例。

时代在变，我们的思维模式必须改变！在"决胜全面小康，决战精准脱贫"的当下，只有打破旧有思维，建立分享思维，参与分享经济，才能不落后于这个时代。

目　录

第　一　章

分享思维：分享经济的核心

　　分享是人类的天性。分享经济基于人类分享天性，强调对社会资源的使用而不占有，讲究的是与他人共同享受，并让每个人都成为一个小企业家。分享经济可以改变人们的生活方式，有效整合社会资源，重构供需双方的连接方式，从而实现个人和企业的财富倍增。而所有这一切，都将始于人的分享天性，也就是在分享思维的支配下来完成。分享经济充分发挥了人类的分享天性，分享思维是分享经济的核心。

分享思维的本质：与他人共同享用

所谓分享，就是与他人共同享受、使用社会资源。在分享过程中，不仅可以享受、使用闲置的社会资源，还可以分享他人的智慧，启迪自己的思维及形成良好的认知，进而积极合作，最终实现共同发展。

要做到与他人共同享受、使用社会资源，最重要的是要克服自私，懂得合作，与人分享合作的快乐和成果，共担事业的成败。这对于当今时代的企业及个人都有重要意义。

● 与人分享，重在无私与合作

自私是万恶之源！企业也好、个人也罢，不要以为自私能给自己带来利益，自私带给你的只有孤立，这样的结果是悲哀的。无私与合作究竟有多重要？先来看看下面这个"蛋糕理论"：

就一个已经生产出来的蛋糕而言，必然是企业分得越多，员工分得越少；反之，员工分得越多，企业分得越少，这是任何人都无法改变的。然而，这个定量蛋糕的分配方式足以引起生产的下一个蛋糕量的变化。无数企业在反复的实践中已经明白，如果在现有蛋糕的分配上企业分得太多，员工分得太少，那就会因为这次分配挫伤员工的生产积极性，下一个蛋糕可能生产得更小。相反，如果企业这次分得相对少些，给员工分得相对多些，由于刺激了员工的生产积极性，下一次蛋糕有可能生产得更大，那么企业和员工最终分到的量都会更多。

"蛋糕理论"告诉我们：当今社会，自私者不可能和别人建立亲密的关系，自私只会让他们成为事业上的失败者；同样地，没有合作就不可能取得较大的成功，人们单凭自己一个人的努力无法创造伟业。因此，分享者必须克服自私，懂得与人合作，在无私与合作中和大家一同分享快乐和成果，共担事业的成败。

德尼·狄德罗是18世纪法国著名的启蒙家、思想家、哲学家、作家、百科全书派代表，在他写的《与旧睡袍别离之后的烦恼》一文中，描述了这样一个场景：朋友赠送的漂亮睡袍，怎样改变了一个人的生活？狄德罗收到朋友的礼物后，毫不犹豫地扔掉了自己那件陈旧的睡袍。可是，很快兴奋就消失了，取而代之的是愁闷。因为他觉得，家里的破旧家具都配不上这件新睡袍，只能将所有的旧家具都换掉，甚至还去掉了墙上挂了多年的画，挂上了更新、更贵的画，最终，让自己成了新睡袍的奴隶。

德尼·狄德罗的新睡袍强迫他把其他的东西换成与之相匹配的东西，今天的学者们把这种消费现象称为"狄德罗效应"，即在没有得到某种东西时，心里很平稳，而一旦得到了，却不满足。"狄德罗效应"是一种常见的"愈得愈不足效应"。

具体的物质满足不是最重要的，人们看中的是欲望本身。许多人之所以会选择极简主义的生活方式，并不是因为物质匮乏或生活贫穷，而是因为自己更看重精神上的愉悦，能够更加淡然和平和地对待物质，只要物质足够满足自己的平时生活即可。因为他们知道，物质并不能给自己带来多少精神上的快乐，而真正的快乐都源自丰富的内心。

自私是人的天性，即使是伟人，也会有一点点自私。可是，与普通人不同的是，他们能够克服掉自私，至少能比别人少一点自私自利。正是因为这个原因，才让他们在成功的道路上广受欢迎。

● 与他人共享的创新形式——免费

克服自私弱点、善于合作的企业不仅有助于走向成功，还能做到善于分享，创新分享，在这之中，免费就是与他人共享的创新形式之一。免费是什么？免费就是舍得分享，把看似应得的收入与盈利进行分享，把越来越好的服务进行分享。可以这样说，免费应该成为与他人共享的一种商业境界。

现实中，许多高利润的企业都在用免费模式。来看下面几个案例：

有人对一些搬家公司嗤之以鼻，因此通常都不选它们。为了应对这种情况，一家搬家公司进行了多年的摸索，之后采取了新的方式：对特定区域（富人区）和特定人群（富裕家庭）"免费搬家"。这种方式诱惑绝对大，但有个前提条件，那就是搬家时要丢掉的家具由公司拖走。很多人也表示认可：反正旧家具也不值钱，有人帮忙拖走，既省心，又省力，还能省一笔搬家费。结果，经过几年的运作，这家公司一共收集了上千车旧家具。之后，老板创办了一个家具翻新工厂，旧家具经过翻新后，被拉到三四线城市出售，比过去单纯靠搬家赚力气钱挣得多。

无独有偶！

有一家高端家政公司，为用户提供免费服务，不靠家政服务挣钱，而是靠保姆为高端家庭提供生活用品挣钱。公司算了一笔账：高端保姆要给家政公司交20%的管理费，如果各高端保姆月工资是3000元，交给家政公司的就是 600 元；1 万个保姆，月收入就是 600 万元。只要保姆跟家庭建立起了良好关系，他们就会将家政公司端掉，家政公司连这 600 元都收不着。

这家家政公司老板的观点是：通过保姆建立通向家庭的渠道，有了管道，就能输血、送油，想输送什么就输送什么。也就是说，通过免费服务建立信任，能获得更有价值的信息；然后，就能通过附加服务来挣钱，收入也会比以往高出一大截。

此外，网络应用也可以免费。比如，用百度做搜索不用给钱，但当用户向其传达出商品的线索后，百度就会将用户的注意力卖给相应的广告商。再如，QQ 聊天也不用给钱，但随着人数的增多，就会形成一个黏性社区，用户不仅可以在这里聊天，还能玩游戏、看新闻、下载电影、购物。有了平台，想卖什么都可以。

现在这个时代，正经历种种的商业模式异化或升级，很多东西可以白享受。但这不是"免费午餐"，免费模式不是不赚钱，而是实现了"盈利点的偏移"，用一句通俗的话来说，就是"羊毛出在猪身上"！上述几个案例就说明了这一点。

从更广泛的意义上来说，免费是分享经济的创新，也是一个趋势，这种创新趋势会逐步蔓延到更多的商业领域，当然最重要的是抓住并解决好用户的"痛点"！

分享经济的实质：让每个人分分钟
成为一个小企业家

分享经济不仅改变着一些传统行业的固有商业逻辑，还让普通人参与到这一变革进程中。分享经济就是让每个参与者都有一种自己开了一家公司的感觉，其实质就是每个人分分钟都可以成为一个小企业家。

企业家应该是与时俱进的。因此，要想参与分享经济并成为一个企业家，有必要研究时下的"大众创业、万众创新"（以下简称"双创"）活动与发展分享经济，理解两者之间的互动关系，更重要的是改变自身旧有的思维方式和生活方式，学习和利用互联网、大数据等新技术进行创业、创新。这里首先要强调指出的是：为什么要理解"双创"？

我们一直在说"互联网+"、说"分享"，其实"双创"才是分享经济的重要推手，"双创"最终的根本是实业创新、科技创新，用最少的钱，盘活更多的资源，来创造一个新的模式，让中国的经济往前走得更好。理解"双创"作用，抓住"双创"大势，才能在分享时代创造一番事业，真正成为一个企业家。

● "双创"与分享经济之间的互动关系

中共十八届五中全会公报提出："发展分享经济，促进互联网和经济社会融合发展。"这是"分享经济"第一次被写入党的全会决议中，预示着

"分享经济"正式列入党和国家的发展战略规划，我国必然会更加重视发挥这种新业态的引领作用，释放新需求、培育新供给、拓展新空间，构建起经济的良性循环体系和稳定的增长长效机制。

为了发展分享经济，党中央、国务院高度重视"双创"，先后出台了《国务院关于大力推进大众创业万众创新若干政策措施的意见》等20多个政策文件，涉及完善创业环境、优化财税政策、搞活金融市场、扩大创业投资、发展创业服务、建设创业创新平台、激发创业主体活力、拓展城乡创业渠道等，激发创新创业活力。

在2015年9月10日第九届"夏季达沃斯论坛"上，李克强总理明确指出，大众创业、万众创新是推动发展的强大动力，是发展分享经济的重要推手；随后，又在主持召开的国务院常务会议上，强调推动大众创业、万众创新需要打造支撑平台，强调要利用"互联网+"，积极发展众创、众包、众扶、众筹等新模式，促进生产与需求对接、传统产业与新兴产业融合，有效汇聚资源推进分享经济成长。

"双创"是新时期充分激发亿万群众智慧和创造力的重大改革举措，是实现国家强盛、人民富裕的重要途径。为适应和引领经济发展新常态，必须把"双创"作为发展的动力之源、富民之道、公平之计、强国之策，全面部署、持续推进，必须坚决消除各种束缚和桎梏，让创业、创新成为时代潮流，汇聚经济社会发展的强大新动能。

"双创"是对接新消费，加快形成新供给、新动力的重大举措，与分享经济之间存在密不可分的关系，创业、创新蓬勃局面的形成，也为发展分享经济奠定了坚实的基础。具体来说，"双创"活动与发展分享经济之间的互动关系主要体现在以下四点，如表 1-1 所示。

表 1-1　"双创"活动与发展分享经济之间的互动关系及对应案例

互动关系	关系解读	相关案例	案例点评
"双创"活动是发展分享经济的重要前提	分享经济本身具有天然的互联网基因，其新技术的利用非常重要。通过"双创"活动，可以促进以大数据、云计算、"互联网+"为代表的新技术加快发展，促进产业形态和商业模式创新，让原来无法参与经济活动与经济流通的生产、生活资源，方便、快捷、即时地投入经济活动与经济流通中，重新产生经济价值与社会效益，即孕育提升分享经济	爱鲜蜂依托社区小店，为消费者提供一小时内的零售和配送服务，它锁定都市懒人，主打那些撬动人味蕾的东西，配送时间从上午10点持续到翌日凌晨2点，以便及时满足他们各种突如其来的消费意愿。从冷配链门槛高的生鲜类食品入手，通过与上游供应商合作，提供一些独特的食品，如中粮我买网的盱眙小龙虾、华夏畜牧公司的万得秒牛奶等。每种品类，爱鲜蜂只选择与一个供应商合作	这是一个典型的利用闲置资源（小卖部店主），组建"最后一公里"配送能力的案例，抓住了"懒人经济"的大潮，基于用户的急迫需求，打通了快送平台、小商超与用户之间的渠道，满足用户不一样的消费体验，具有创新性
"双创"创造出更多的新技术、新产品和新市场，是分享经济的开拓者	越来越多的事例证明，通过大力全民性开展创业、创新活动，可以激发无穷的创新力和创造力，培育出许多意想不到的新增长点，有助于推动经济结构调整，打造发展新引擎，增强发展新动力，走创新驱动发展道路	广西移动近年来一直致力于医疗行业信息化的研究和应用，为全区各级卫生行政管理机构、医疗卫生机构和患者提供基于移动网络的医疗行业信息化解决方案。以柳州市为例，至2017年2月，柳州市区四家三甲医院联合组成了远程诊断中心，15个基层卫生院接入了远程诊疗平台，远程诊断中心每天可接到心电诊断200多单，平均每个基层卫生院每天上传15单左右。融水三防镇卫生院过去无法检查的患者都需要自行前往柳州市区就诊，一来一回，对患者来说既浪费了时间、金钱，对身体不适的患者也是一种折磨。现在有了这个医疗信息化平台，问题就变得简单了，只要有电脑、有网络，1分钟就可以完成上传，10分钟就可以出诊断结果，大大提高了就诊准确率，真正让人们感受到了"互联网+"的好处	柳州市的远程诊疗平台使线下病患需求能够快速匹配线上优质医疗资源，这些新奇技术和高科技产品为拓宽分享经济发展领域做出了积极尝试。这是全新的就医体验，面向老百姓提供专业、及时、无缝的远程视频会诊服务，完善了基层卫生院的服务及信息化功能，提升了基层医生的服务能力，让专家实现了自我价值的再升华

续表

互动关系	关系解读	相关案例	案例点评
"双创"是分享经济发展的内生动力	分享经济是一种新的消费模式，扩大了消费需求，需要创造新的供给方式予以满足和保障。而"双创"活动的蓬勃开展，特别是通过激发全社会的创新、创业热情，促进一代"创客"奋斗作为，可以进一步推动各类创新要素融合互动，培育新的众创空间，催生满足分享经济可持续发展的新供给	柴火创客空间（以下简称"柴火"）是深圳第一家创客空间，是机器科技的工作坊，它承载了一分执着、一份信念，也给在深圳的创客们带来了一个可以拧成一股绳的契机。"柴火"即"众人拾柴火焰高"，因此其理念是为创客们提供一个好的场所，让来自各界各有所长的人碰撞出更多的火花，并且加一些催化剂，把这火花炸得更欢腾，让普通大众能够看到、能够感受、能够喜欢。一直以来，诚挚的伙伴都给了"柴火"最坚实的支持。从"柴火"走出的项目与成就是有目共睹的："柴火"第一位会员王建军的 Makeblock、帅气的海归高老师的 Betwine、国内创客大神级人物张浩的 Dorabot 以及充满乐趣像朝阳一般的 ShenzhenDIY。"柴火"一直认为，并非是"柴火"成就了他们，而是他们成就了"柴火"，是创客社区的小伙伴们共同成就了"柴火"	"柴火"只是众多创客社区的一个缩影。一般来说，创客们都有独立思想、有高尚情怀并有梦想。从"柴火"的成功来看，创客们不只是"柴火"的会员，每一个创客都是"柴火"的缔造者；而"柴火"也从未忘记过创客们对"柴火"的付出。这正体现了"柴火""众人拾柴火焰高"的核心理念
"双创"与分享经济相互促进有助于实现社会公平和共同富裕	"双创"活动不仅刺激分享经济发展，为分享经济提供有力保障，而且反过来通过分享经济发展进一步降低创业、创新的门槛和成本，可以促使更多的人加入创业、创新队伍，在各方面涌现出更多的专业人士，有助于把人力资源转化为人力资本，更好地发挥我国雄厚的人力资源优势；可以促使更多的人参与市场竞争，创造新的财富，有利于增加就业、增加收入，并让资源供应者也获得相应的收入，实现全社会的互动协调发展	2017 年 7 月 13 日，麦芽贷（南京麦芽金服数据科技有限公司研发运营的手机借钱 APP，隶属江苏中地控股集团）宣布正式给分享好友成功的用户发放现金奖励。参与此次活动的用户累计成功分享约千位好友，其中，分享了 194 位、168 位好友的用户，分别获得奖励金额 1.7 万元、1.4 万元。乌先生是此次活动的积极参与者之一，他的女友因为突发急性阑尾炎，做手术缺一部分钱，当时有朋友建议他到麦芽贷 APP 碰碰运气，没想到顺利解了燃眉之急。后来一遇急事，乌先生就会想起麦芽贷，也会给别人推荐。几番来回，乌先生已经是麦芽贷的忠实用户	分享资金属于互联网金融范畴，本质上就是对资金资源进行重新优化配置，以期实现普惠金融。分享的人能获得财富收益，被分享者也可享受方便快捷的个性化服务，而那些被闲置的资源因为合理开发利用也"变废为宝"。通过分享人脉来创造财富，麦芽贷的"邀请好友抢万元"活动是分享经济的一个鲜活案例，体现了分享经济促成多赢的真正魅力

● 分享经济降低了大众创业门槛

作为一种新经济形态，分享经济正逐步渗透到经济生活中的各个领域。从车辆、房屋的共享到劳动力、资金的共享，再到知识、创意的共享，分享经济的快速发展在深刻改变着人们的生活方式、消费理念的同时，也降低了大众创业的门槛，为"双创"注入了新活力。

在传统经济环境中，创业需要很高的投入，不仅要投入巨资，在资源对接等方面也要付出很多。在分享经济模式下，上述成本都会大大降低。比如，有了空置房屋，就能在网上进行短期出租；遇到问题，就可以在论坛上求助别人；闲暇时间，还能用自己的特长、技能、资源为别人提供服务……如今，这些耳熟能详的共享经济例证，成了大众创业的新方向。这里有一个案例：

2016 年，30 岁的郑鑫从公司辞职，跟朋友一起创建了一个旅游共享社交平台。在这个平台上，用户可以"学招式"，可以"卖招式"。热衷旅行、乐于总结和分享的旅游达人，纷纷在这个平台上分享自己的知识和经验。如果需要，不仅可以在平台上查阅旅游资料，还能请专业人士为自己量身定制旅游线路等。如今，此平台上的用户已经超过万人。

互联网平台是最典型和基础的分享经济模式，包括大数据的应用。通过这些东西，我们的生活变得更加方便。郑鑫等利用分享经济来进行创业，实现了线上线下资源的无缝对接，大大提升了创业效率。这就再一次告诉我们，分享经济为大众创业提供了更低的门槛、更多的平台、更大的空间。

• P2P 模式让"大众创业"软着陆

"分享"世界的外围，生长着滋养"分享经济"的沃土，即依托于互联网媒介的 P2P（Peer-to-Peer，即点对点技术）经济新模式。说到 P2P，或许很多人会首先想到风行当下的互联网金融的形式之一——P2P 网络信贷，它其实是 P2P 分享经济模式在金融领域的一种体现，即通过互联网平台，实现联系网络节点（人与人）之间的小额借贷交易关系。

分享经济分为广义分享经济和狭义分享经济。广义分享经济包括生产领域的过剩产能分享和消费领域的闲置价值分享（一般是 B2B 的方式）。而狭义分享经济则单指消费领域的闲置价值分享。狭义分享经济是人们通过在线平台协调匹配来获取和使用闲置资源（或价值）的市场模式。根据供给方是企业还是个人，可以把狭义分享经济分为 B2C 和 P2P 两种模式。Airbnb、Uber、滴滴出行、闲鱼倾向于 P2P 模式，而神州租车、摩拜单车则倾向于 B2C 模式。

P2P 模式下的分享经济，是借助现代科技和互联网技术发展起来的。其实，1999 年诞生的 Napster（一款可以在网络下载 MP3 文件的软件，能同时让自己的机器成为一台服务器，为其他用户提供下载）就是最早的 P2P 实用系统，参与系统的是个人计算机用户，用广既能将自己愿意共享的文件提供出来，也可以下载其他用户共享的文件。

在 P2P 实用系统出现之前，"分享"的概念由来已久。其实，朋友之间借阅图书，邻里之间借点油盐酱醋，也都是一种分享。只不过，这时的分享一般建立在相识与信任的基础上。2000 年后，随着互联网 Web2.0 时代的到来，网络虚拟社区、BBS、论坛等纷纷出现，用户在网络上的交流频率率先突破了传统的空间与关系限制。这时候，分享的通常都是信息，还没有涉及实物交割，也不会带来经济报酬。2010 年前后，Uber、Airbnb 等实物分享平台陆续出现，分享也就多了一些目的性——获得一定报酬，即使是陌生人的物品，也能进行使用权的暂时转移。下面是一则 P2P 模式的分享经济案例：

RelayRides 总部位于美国旧金山，其是一个汽车分享网络，通过 P2P 分享模式，用户可以将自己的车租给他人。只要在线填写一份表格、选择车辆可供出租的时间并确定价格，私车车主就能将自己的小汽车加入该体系。潜在租客登录 RelayRides 网站，就能按小时或按天租到自己心仪的车辆。

RelayRides 公司主要负责处理保险和信用卡的使用，同时在每辆小汽车的轮胎内安装一个小型电子设备，租客只要使用会员卡，就能打开汽车。此平台上的汽车是出租者的自有资产，平台上的商家也不是工商登记注册的公司，而是微型创业者。

随着分享经济成为"大众创业、万众创新"的出路与落脚点，P2P 模式下的分享经济平台为大众开辟了一条微创业的康庄大道，还让整个社会的经济模式和发展趋势发生了改变。数据显示，2017 年 5 月 P2P 网贷行业的成交量为 2488.44 亿元，行业历史累计成交量为 45790.32 亿元，较去年同期上升 124.89%；5 月 P2P 网贷行业的活跃投资人数为 414.95 万人，活跃借款人数是 322.11 万人；P2P 行业累计参与人数有 5000 多万人。不论是从用户数量上，还是从交易规模上，P2P 都是分享经济的佼佼者。

虽然 P2P 行业的风险很高，但在未来的发展过程中，P2P 必然会逐渐走向规范，涉及的东西与范围也会越来越宽。拥有专业技术，就能参与全球性专案；家里有空房间、闲置车辆，就能在这种 P2P 分享经济模式中找到新商机……一句话，创业资本或资源更多地将是我们自己拥有的物质、能力或时间。

分享经济下的颠覆体验、资源整合与重构连接

分享经济的热潮，实际上是互联网尤其是移动互联网在其工具属性之外，以其理念的那部分向现实世界入侵。因此，颠覆体验、资源整合与重构连接是分享经济最显著的特点。那么，我们如何理解颠覆体验、资源整合与重构连接呢？

● 颠覆体验：改变生活方式

分享经济即以移动互联网为媒介，搭建人力资源供需双方的桥梁，让人们公平、有偿地共享社会资源，彼此以不同的方式付出和受益，共同享受经济红利。由于分享经济强调共享资源，共同拥有物品的使用权，放弃物品的独自占有权，因而改变了人们以往的生活方式，并由此颠覆了人们过去的日常体验。

分享经济是解决社会资源分配的法宝，可以通过互利、互赢、协同、开放、信任等来解决资源配置问题，企业成长所需的资本、技术、人力、制度、管理等都可以共享，而不是占有，使用权的作用大于所有权。比如，网上约车、网上看电影、空中食宿等，这些都是分享经济的典型形态。下面来看看

Lyft 这个网上约车的例子：

Lyft 是美国的一款打车应用，中文译作"来福车"。其改变了打车行业的组织结构模式，只要有空余时间和闲置车辆，就可以自由灵活地成为司机，为消费者提供多样化的租车体验。

Lyft 让司机与乘客之间的界限变得模糊起来。在 Lyft 模式下，打车更像是跟自己的好友共用一辆汽车。司机和乘客通过 Lyft 平台都得到了一定的便利和好处，彼此之间的关系也不是冰冷的。借助 Lyft，司机和乘客都认识了许多有趣的人；到达目的地后，有些司机甚至还会跟用户在 Facebook（脸书，美国的一个社交网络服务网站）上相互添加为好友，一直保持联系。

从 Lyft 这个例子来看，分享经济不仅改变了人们以往的生活方式，颠覆了人们过去的日常体验，而且对建立陌生人之间的信任和建立有着强纽带关系的社区有十分重要的意义。在 Lyft 模式下，除了刺激经济发展、开拓创业者的选择、解决就业问题以及优化社会资源之外，人们在社会关系上的转变已远远超出了经济学上的意义，具有更深刻的社会意义。

● 资源整合：高效利用剩余资源

分享经济的资源整合，就是高效利用社会资源。什么叫作"高效"？在这里，我们先来看看八九八创新空间（北京）科技有限公司（以下简称 898 创新空间）的例子：

898 创新空间由八九八投资控股有限公司、中国国际经济合作投资公司和数位北京大学校友共同发起成立。其定位为创新者服务商，树立了"打造人类创新者梦想圣地"的使命，为了实现"世界卓越的创新者服务商"的愿景，积极打造中国创新地标。目前，其已经初步形成了创新生态环境——"线上创新空间（网络平台）+线下创新空间（物理平台）+创投基金+创新服务"；同时，具备了三项功能：创业者的孵化器、成长者的加速器和领军者的助推器。

在线上创新空间（网络平台）方面，898创新空间为创新者提供发布平台、交易平台、金融平台、交流平台、信息平台、学术平台、展示平台、行政服务平台等多种平台服务，并通过积极链接无限量的创新服务提供商，为创新者打造C2C闭环生态系统。

在线下创新空间（物理平台），898创新空间不仅成功落地北京，还打算在上海、深圳、西安、延安、南京、哈尔滨、重庆、大连等地，以及硅谷、纽约、拉法、鲁尔、伦敦、东京、首尔等海外城市发展。

在创新服务方面，898创新空间通过与华为、电科太极的战略合作，构建起真正的以创新者为核心的智慧园区，为创新者提供12类创新服务（智慧管理、智慧空间、智慧设施、智慧办公、智慧招商、智慧云服务、智慧生活、智慧环境、智慧服务、智慧分析、智慧停车、智慧安防），努力满足创新者拎包入住创业的一切诉求。

在创投基金方面，2017年4月核心项目延安创新、基金小镇正式揭牌，5月17日"创8空间"正式开业。"创8空间"是陕西省第一家智能化、共享化的创新创业孵化器，也是延安创新、基金小镇的一个核心载体。延安创新、基金小镇集众创空间、交易中心、基金小镇、私募工场、产业扶贫为一体，是一个新经济示范区，主要为落户企业提供全链条的专业化服务。

898创新空间堪称高效利用社会资源的典范，值得分享经济企业学习。

所谓创新空间，是指创新活动所需要的空间载体。创新空间高效利用资源的"高效"二字，不仅指对利用资源这件事本身要高效，同时也要做到合理的收入分配。高效利用社会资源需要投资人、创业者、第三方资源的高速联动，更深一点，这里有供应方和需求方关系、上下游关系、服务机构和创业者关系、投资人和投资人关系、投资人和创业者关系、创业者和创业者关系等，这样一张庞大、立体的网络交易，发生交易的点太多。

因此，创新空间的内在核心是要形成一种创业文化——狼性的创业文化。创业者不要做温室里的花朵，而要具备攻击性，狼性地竞争，尽快地进来，尽早地离开。只有尽快地进来，尽早地离开，才能提高成功的效率，也能迅速地将不合适的项目和创业者排离，加快了新陈代谢，这一整个大系统才能正常、积极地运转。至于收入分配方面，应该着眼于服务增值、股权交易和股权投资，要在这些方面做好连接服务，以使收入分配具有合理性。

• 重构连接：高效对接供需双方

在分享经济模式下，可以借助合适的平台将闲置资源有偿共享出去，分享者不用考虑众多烦琐的交易流程问题；而对于使用者来说，在传统渠道之外，又多了一种方便、个性化的选择。早期，传统行业基本上都是 A 和 B 发生关系，是一种线性关系。下面是房地产和出租车行业的例子：

在房地产行业，以前，卖房、买房这个供需双方之间发生交易以后不会有连接了，你买房、我卖房只是一个简单的交易过程，这项生意不会变成一个平台。而在分享经济模式下，交易是网状的，除了买卖双方 A 和 B 以外，还有别的个体加入进来，这样 A 和 B 就会发生社交行为，由此角色也需要转换。

　　在出租车行业，有开车的、有坐车的，也有想社交的，还有想寻找人才的，甚至还有一些觉得好玩有趣的。所有这些需求都可以放到这样一个平台上来进行。在这个平台上，由于多方参与的社交行为的产生，最开始的开车的比如 A 和坐车的比如 B 就可能转化为想社交的 C、想寻找人才的 D、觉得好玩有趣的 E 等，参与者之间的交易属于网状交易。

　　上述两个行业的交易过程就是重构连接的过程，在这之中，参与者的社交除了与平台发生关系之外，还与参与到这个平台中的其他人发生关系。所谓"羊毛出在猪身上，最后狗来埋单"，这是最典型的重构连接的概念，这中间实际上是服务的一种延伸。

　　综上所述，分享经济模式下的颠覆体验、资源整合与重构连接，可以让资源得到高效利用，从而创造一个新的模式，为创业者提供广阔空间，也让中国的经济往前走得更好。

思路决定出路：分享经济模式+倍增原理+赚钱思维

　　当别人给你提供一个财富信息时，先不必怀疑他是不是要赚你钱，或许是他看中你的人品所以想帮你，或许是他想让你和他一起完成梦想，总之必有原因在里面。一般来说，聪明人是不会拒绝别人提供的任何一个财富信息的，因为聪明人相信，一个有价值的信息会成就自己后半辈子的财富。分享经济模式、财富倍增原理、赚钱思维，就是在这里提供给大家的信息。思路决定出路，只有了解分享经济模式、善用财富倍增原理、运用赚钱思维，才能无愧于这个资源共享、财富共赢的时代！

● 究竟什么叫分享经济模式

什么叫分享经济模式？先来分享下面这个小故事：

有个开面馆的老郑，他做的面很好吃。附近学校的小陈常来老郑这里吃面，几乎每个月都会来，是老郑面馆的常客。

一天，老郑问小陈说："小陈，你觉得我家的面好不好吃？"小陈点点头，说："好吃，我很喜欢来这里吃面。"老郑说："既然好吃，咱们能不能合作？"小陈觉得有些奇怪，说："怎样合作？"

老郑说："从今天开始，我正式邀请你成为面馆的合伙人。合伙人有以下几点：第一，和你以前一样，照常来吃面即可，以前吃面不打折，成了合伙人了，打七折；第二，要跟朋友推荐'老郑面店最好吃，报我的名字可以打七折'；第三，凡是报你的名字来吃面的，每吃一碗就奖励你1元，他们再推荐别人来吃，每吃1碗就奖励你5角钱。"小陈一听，觉得不错，于是就开始介绍朋友来吃面。

到了月底，老郑对小陈说，因为你这个月的介绍，我家面馆生意兴隆，所有的人来本店一共吃了2000碗面。老郑按约定给了小陈1800元。小陈觉得好棒，心想以前自己只是来吃面的，现在能吃到这么好吃的面还能赚外快，真的好赞！

过了段日子，小陈要准备考试了，因为很忙，就没有时间帮老郑介绍人去面馆了，但是忙里偷闲他还是会来面馆吃面，和老郑聊聊天。有一天，老郑拉着小陈，又给了他6000元钱，小陈觉得这段时间没怎么介绍人了，就坚决不收钱。这时老郑说："你上次介绍的那些朋友，他们吃了面后感觉味道确实不同于其他面馆，从那以后他们经常会光临，并且他们也介绍了更多的朋友来吃，我也奖励他们了，这6000元钱是你应得的，因为多亏你当初介绍，我的面馆才会有现在这么兴隆的生意啊！"小陈激动得说不出感激的话来。小陈决定，从此之后和老郑长期合作下去。

这就是分享经济模式！

从这个案例中完全可以总结出分享经济与共享经济的区别：面馆的面好吃，小陈介绍朋友来，老郑给小陈一定提成，发起方是老郑，这就是分享经济。当小陈建立了信息平台且上面有很多客源时，把客人介绍过来，老郑就会给他提成，发起方是平台拥有者小陈，就是共享经济。

随着分享经济在全球的快速发展，人们的生产生活方式、消费理念和就业模式已经发生重大改变。如今，世界主要发达国家都在积极引导和支持分享经济发展，数据显示，2016年我国分享经济的市场交易额为3.45万亿元，同比增长103%，参与分享人数达6亿人，提供服务的人多达6000万人。

分享经济的前景由此可见一斑。

● 分享经济与财富倍增

财富的归属并非一成不变的，财富归属于那些能掌握市场发展规律的人手中，归属于那些真正懂人性需求、真正懂得用户心思的人手中。分享经济就是利用财富倍增原理让一部分有眼光、敢于尝试努力的人先富起来。那么，什么是财富倍增?

所谓财富倍增,就是使自己的财富成倍地实现增加。财富倍增不是一个抽象概念,而是世界上每天都在发生的创富神话。财富倍增不同于普通的财富增加,比如把钱存进银行,利息的增加非常缓慢,财富倍增却完全不同。如果想真切地理解财富倍增原理,首先就要看看下面这个西方广泛流传的故事:

一次,古希腊哲学家阿基米德与国王一起下棋,结果国王输了。国王问阿基米德:"你赢了我,想要什么奖赏?"阿基米德回答说:"我想在棋盘上第一格放 1 粒米,第二格放 2 粒,第三格放 4 粒,第四格放 16 粒……按这个比例放满整个棋盘。"

国王想了想,觉得这根本就用不了多少粮食,便爽快地答应。结果,使用了整座粮仓的米,也没有摆完一半棋盘格子。阿基米德计算了一下全部摆满后的数字,竟然得出一个惊人的天文数字。

这个故事生动地说明了财富倍增的原理!

在商业领域,财富之所以能够倍增,是因为在以下几个方面存在倍增的事实(见表 1-2),这就是倍增原理。

表 1-2　倍增原理的含义

事项	原理
营销倍增	根据几何级数原理,市场营销的范围之大、涉及面之广,是其他任何营销方式所不能及的。假如一个公司有 8 位客户,每个转介绍 8 位客户,到第 8 维度的时候这家公司就有 16777216 位客户。也就是说,这个市场是无穷倍增的,其财富价值是不言而喻的。当然,在现实当中没有这么快,有些环节不可能像理论上说得那么快,但是这种方法的威力是别的营销方式所望尘莫及的

续表

事项	原理
时间倍增	在时间上，转介绍的效率是别人所不能比的。比如，公司向 4000 人通过一对一的方式宣传，假如每个用户需要 20 分钟，那么共需要 1333 小时，按照每天工作 8 小时计算，则需要 166 天时间才能完成。但是，假如通过客户宣传，到第三维度就已经超过 4000 人。用一天的时间完成 166 天的工作，是时间上倍增的魔力
效益倍增	效益倍增包括公司的效益倍增和业务分享者的效益倍增。公司的效益倍增是通过业务分享者数量的倍增和市场的倍增来实现的；业务分享者的效益倍增是借助网络组织人数的倍增，间接通过多维度客户群的增加而效益倍增的
人际倍增	人际学是研究人际关系的一门学科，分享者通过人际发展自己的组织，然后才能实现共赢，共同分享事业机会，达到事业的顶峰。"推销大王"乔·吉拉德说过：每个人背后都有 250 个潜在用户。这说明，人际网络是一个巨大的财富聚集地，只要你愿意开发，组织营销将是你创业的最佳选择
传播倍增	传播学是研究信息传播的一门学科，直销企业中直销商就是借助于传播学原理让直销商的每一个朋友都能参与到这个事业当中来。一个乐于传播生意机会，一个乐于接受事业机会，于是直销就向纵深发展了
网络倍增	网络学原理就像一个蜘蛛，蜘蛛在网络还没有建好之前绝对不去捕蚊子，而是努力地去构建自己的网络。根据网络学原理，这是网络投资阶段，这个阶段不仅没有效益，还会耗资很多，诸如大量的投入、耗费时间精力等。当网络构建成功之后，就是直销商开始受益的时候，这个时候获得的收入就是倍增的收入

分享经济就是利用财富倍增原理让一部分有眼光、敢于尝试努力的人先富起来。社会的发展离不开财富的推动，也最终促进财富的倍增，国家强盛离不开财富的累积，老百姓富裕也离不开财富倍增。财富倍增，才能昭示国富民强、天下太平。

• 分享经济与赚钱思维

分享经济是一种有偿交换，而不是无偿奉献。每个人都是理性的经济人，没有经济激励，他就会失去分享的动力。因此，参与分享经济，首先就要具备赚钱思维。

什么是赚钱思维？赚钱思维是一种开放型思维，主要着眼于以下几个维度，如表1-3所示。

表1-3　赚钱思维——开放型思维的维度

维度	含义
所有的机会都在互联网里	互联网时代的分享经济和共享消费改变了社会经济的财富生产和财富分配方式，让每个人都能低成本创业，公平竞争，多劳多得。就像移动支付改变银行一样，互联网经济正在改变全社会，世界正在从一维平面空间延伸到二维互联网空间甚至三维的人工智能空间。身边的世界正在发生如此大的变化，如果你还无动于衷，只能是愚蠢。技术会让愚蠢的人越来越愚蠢，让聪明的人变得更有智慧
创造价值，分享价值，共享财富	互联网最大的价值就是公平，为每一个白手起家的人提供创业机会，无论你是亿万富翁还是一贫如洗，只需要你在互联网里真正拼搏，一切皆有可能，互联网具备改变一切的力量
科技越发达，赚钱越简单	现实中，那些需要花钱和需要投入大量精力、资金开发的技术都已经有人帮你做好了，价值内容、利益产品、产品组合、交易模式、利益结算这些最苦最累的活都有人帮你干了，你需要做的就是接入平台，借助别人的力量发展自己的事业。电商时代借助淘宝、天猫平台的力量，现在分享经济时代借助价值和资源共享平台的力量，你做好分享和链接就可以了。互联网需要的是协作、分享、链接和共享，在互联网时代，只要你能为别人解决问题就能赚到钱
互联网+价值分享+共享消费+共享财富＝创业成功	互联网需要的是有理想、有追求和愿意帮助他人的人，只有这样的人才能在互联网时代获得成功。那些不思进取、不愿改变，只想赚别人钱的人在互联网时代其实是最傻的人。当每个人都成为互联网的一个节点，每个人都因为分享成为互联网的一分子，那么每个人都可以通过共享消费、创造消费，生产财富、共享财富。与其在传统社会里苦苦挣扎，不如换个空间换道超越

在当前这个资源共享、财富共赢、合作共进的时代，有的人还在传统的思维里苦苦挣扎，而有的人已经开始用分享经济模式+倍增原理+赚钱思维在奔跑了。了解分享经济模式、善用财富倍增原理、运用赚钱思维，是当下所有人需要努力的方向！

第二章

分享经济：商业思维与资源配置方式的新变革

    资源的共同享用需要两个重要的前提：一是具备分享思维，二是善以移动互联网络为媒介。分享思维借助互联网新技术，通过互联网发现多样化需求，分享平台整合各类分散的闲置资源，实现供需双方快速匹配，大家共同享用，从而满足用户需求，缓解资源短缺与闲置浪费共存的难题。分享思维+移动互联网络已经使物的权属关系发生了变化，实现了所有权与使用权的分离，这是分享经济商业思维与资源配置方式的新变革。诸多细分领域的分享实践都说明了这一点。

从产权到使用权的经济时代的变化

分享与拥有是相对的。过去是私有制经济，物权私有化是主流，人们要的是物的所有权，完全拥有某物。分享经济时代下，互联网将社会资源进行合理匹配，将物的私有变成了物的分享使用，从而产生新的价值。

●分享经济是一场产权革命

改革开放以来，私有制经济蓬勃发展，物品的所有权不再属于国家而是属于个人，人们辛勤劳动的目的是占有物品。比如，对住房的强烈购买欲望，即使存在大量的空置房屋也不用于租住，从而导致了严重的闲置资源的浪费，房屋也很难被他人使用。这归根结底，便是因为人们在潜意识中认为物品的占有权和使用权是很难分离的，或者说即使物品的主人想让渡物品的使用权，在原来的社会条件下也很难做到。

随着互联网的日益普及，分享经济的出现则恰好提供了一种全新的思维方式。在互联网等新技术驱动下，当物品的持有者"出让物品的部分使用权换取的收益"大于等于"其自己占有这部分使用权产生的收益"时，就会产生分享。这促使物品的持有者将这部分的使用权出让，转化为实际收益。分享经济将传统的"拥有""产权"，转变为资源的"使用""信任"与"合作"，形成了"存量资源+共享平台+人人参与"的新模式，使产品的分配不再是一次性，而是通过新型协作性消费关系的反复分配，实现价值最大化。

在分享经济模式下，需求方通过互联网平台获得资源的暂时性使用权，以较低的成本完成使用后再移转给其所有者。这是一种资源使用权的交易，它使个体拥有的限制资源得到了社会化利用，从而实现了资源价值最大化。比如，一个人虽然没有住房，但他却能够通过中介租到自己想住的房子；一个人虽然没有汽车，但他却能够以最低的成本、最快的时间乘车到达目的地。这种以租代买的方式正是分享经济的商业本质，即通过使产品的"占有权"和"使用权"分离，来大大提升社会资源的利用率和社会运作的效率。

总之，分享经济是对市场经济中个人所有制的颠覆，因此分享经济是一场产权革命。而基于移动互联网络的第三方共享平台，以及社交网络平台的建立，为分享经济得以实现提供了技术支持和信用保障。

● 如何理解所有权与使用权分离

分享现象早已经存在，所有权直接让渡是最原始的分享模式。泛概念里的分享经济，根本不是什么新鲜事物，从来都在做，只是没有用"分享"或"共享"的概念来宣传而已。分享经济主要是针对使用权的分享现象，使用权分享有两个前提：一是使用权剩余，二是使用权可剥离、可分割。

理解使用权剩余很简单，就是"占着物品不使用"现象。上面提到的购买房屋既不自住也不外租就是典型，所以闲置房屋的大部分时间是剩余的。这就是我们拥有房屋的所有权，但房屋的使用权是剩余的。

有了使用权剩余，就可能实现分享经济。比如，"在线短租"就是分享房屋的一个创新。在这个模式下，通过互联网或移动互联网，房屋承租人可以查阅、预订短租住房，并通过线上平台支付房费，线上平台则通过房租佣金或广告费模式盈利。代表平台有小猪短租、蚂蚁短租等。

使用权从所有权分割开来，是分享的第二个前提。分割的方式主要分为时间可分割和空间可分割两种。比如，Uber 是对私家车和司机个人时间的分割，车纷享是时间的分割，顺风车和拼车则是空间的分割，Airbnb 也是独立空间在时间上的分割等。

什么样的使用权不具备可剥离、可分割性呢？不可分割可分为物理性不可分割及法律上不可分割，大多是跟人或者法律有关的，比如人的外貌、身份、器官、寿命以及子女、配偶、父母等。其中，绝对不可分割的只有物理性的，比如寿命没法借给别人。当然，其中也存在一些分割的现象。比如，捐精给不育家庭及卖血、献血等现象，都是某种能力（造精、造血能力）的分割。借用别人身份代考、挂证族等现象，也是某种身份、能力的分割。不过这些应该是特例，本质上不具有分享经济的意义。

所有权和使用权的分离，并不是现在说的分享经济概念下的特有现象，而是从经济行为产生之始就存在。或者说，分享经济行为并不是互联网时代独有的产物，基于线下的闲置资源共享产生新价值的模式早就存在。比如封建时代，地主拥有的地太多了，自己种不了，于是把部分田地的使用权"分享"给没有地的人种，这就是地主和佃户的关系。佃户每年按照固定分量的粮食交给地主作为租子，剩下的收益归自己所有。同样，房主买了新房子，旧房子就空出来了。旧房子租给别人住，使用权就有偿分享、让渡给其他人。这种分享，通过租赁的方式实现。租车等其他租赁业都是类似的方式。从历史上看，租赁是使用权有偿共享的基本模式。确切地讲，现在的分享经济创业热潮，实质上是代表了产权淡化、以租代买的趋势。

互联网在新型分享经济中的角色，其实是赋能，也就是使以租代买成为可能，其中最主要是降低了交易的成本。首先是降低了连接的成本。闲置资源往往都是分散化的、碎片化的，原本抓取到这些资源有很大的难度，而互联网可以突破时间和空间的限制，让需求方和供给方实时、快速、直接匹配，没有中间环节，相当于降低了营销的成本。对于用户来说，通过互联网可以随时随地连接服务，使碎片化的交易成为可能，也降低了连接的时间成本。其次是降低了建立信任的成本。互联网点评数据解决了信息不透明问题，降低了双方决策成本；互联网结算工具，解决了付费的信任问题；而互联网应用 GPS 跟踪能力，则可以解决里程等费用计量的信任问题。

资源能够交易的前提是可以被准确的计量，比如工人的计件工资、租车按行驶里程收费等都可以比较准确的计量，但是一幅字画、一项知识产权的价值却比较模糊，这也使交易定价变得困难。信息技术的发展，就促使一些原本难以计量的资源可以信息化、便于计量。当系统总体成本低于收益时，分享经济交易模式就在逻辑上成为可能。所以，新型互联网分享经济的意义，也就在于为原本交易成本很高的分散、碎片化闲置资源交易赋能，使它们的使用价值分享交易成为可能。

总之，分享经济是一场产权革命。"私有制经济"不适应越来越多的时隙性、个性化需求，当移动互联网解决了"使用权的碎片化计算"问题后，大量新品类就会涌现出来，从而革命性地创造出新财富。

培养分享思维，激活闲置资源

分享经济强调两个核心理念，即"使用而不占有"和"不使用即浪费"，这两个核心理念的同一指向是对资源进行优化配置，达到共同享用。而实现资源的优化配置、达到共同享用的目的，首先需要培养分享思维，正所谓"有心分享才能分享"。

● 分享的好处

为什么要分享？分享有哪些好处？学过经济学的人都知道，经济学研究最基本的问题是对稀缺的资源进行选择，而分享就是对稀缺的资源进行更好的选择和分配。通过分享，社会闲置资源完成了优化配置，资源价值最大化，人人可以从中获得利益。

对于个人的成长来说，善于分享的人，至少做过五方面的思考和总结，进而建立起了完整的体系，如表 2-1 所示。

表 2-1　分享的好处

好处	分析
推动自主思考和探索问题的本源	不管是给别人讲述一个观点，或者是自己的思考等，首先你要让别人从中能获益，就需要严谨的逻辑性和大量的可重复性的案例来支撑。而这个过程，就是不断探索和思考的过程。如果想要有一个充分的发挥和展示，那么前期的大量工作非常有价值，而这些事情让你主动地去探索和挖掘，最终帮助你形成自己的思路。因此，分享的过程，其实就是不断思考和探索的过程

好处	分析
分享就是一次美好的奖赏	在分享的过程中，最快乐的事情就是自己的思想能帮助别人，至少也能引发别人的思考。世间最开心的事情莫过于有人告诉你说："谢谢你的分享，让我受益良多。我知道我接下来该如何做了！"所以，分享本身就是一次奖赏。被认同的感觉，就是自尊水平提高的过程
可以让你变得更加有逻辑性	大多数时候，要想让自己的内容有吸引力，除做大量的铺陈和衬托之外，必须具有严密的逻辑性。而这里面的逻辑性，是靠你自己来掌舵的。吸引力法则告诉我们，唯有逻辑性强的内容和事物，才能让人流连忘返。为了更好地表达，我们需要做大量的整理，最重要的就是如何让你的内容丝丝入扣、引人入胜
可以促使自己不断地学习和输入	为了让自己的内容不断创新，就必须进行大量的阅读和学习。唯有专业才能成就专业
需要总结与提炼	唯有善于总结、愿意总结和提炼的人，才是一个非常好的分享者，也才能让大家有所感悟和升华，因此总结与提炼在分享过程中是重中之重的内容。分享的过程就是不断总结和提炼的过程，分享者必须牢牢地把握好这一点

在这个信息爆炸的时代，一个好的分享者就是一个好的内容产出者。分享的过程，就是自我完善和成长的过程，在不断内化的同时，也在加工和产出能够帮助到他人的东西。这就是分享的价值和意义所在。

• 分享思维：一种全新的思维方式

传统的商业逻辑一般都建立在资源的私人所有制基础上，人们会不断地积累私人资产，并通过专利、股权、产权及与之相匹配的法律体系维护人们的私人资产。一旦这种价值生产和获取逻辑发展到一定程度，必然会出现资源的分配不均与闲置浪费。

分享经济，采用开放、连接和分享等方式，提供了激活闲置资源和过剩产能的可能，有利于实现资源优化配置和最佳平衡；同时，还重新定义了我们对资产的理解：是属于个人的还是群体的，是私有的还是公有的，是商用的还是个人的……分享经济重新书写了价值创造的法则，派生出了全新的思维方式——分享思维。

分享思维是一种全新的思维方式，它给许多企业带来了持续发展的勃勃生机。"叫个鸭子"就是其中的一例。

"叫个鸭子"是北京味美曲香餐饮管理有限公司控股的中餐连锁品牌，多数用户都是女性。"叫个鸭子"曾发起过为期一个月的"鸭寨夫人选美"，用户可以将个人照片发给公司参与。朋友圈中很多人都喜欢玩自拍，这样既能自己玩，还能跟他人分享。"心机鸭"还抓住应聘者，只要来应聘，不论是否录用，都会得到一张叫鸭代金券。感到异常惊喜的人，纷纷到朋友圈分享，提高了应聘者和朋友的好感。

为了与用户分享，"叫个鸭子"跟用户交朋友甚至到了"变态"的地步，他们要求直接接触用户的配送团队除了要有"鸭王"出众的容貌外，还要尽力满足用户的快乐需求，比如带走用户的垃圾就是一项必备技能。此外，"叫个鸭子"还通过互动创造话题点。创始人、CEO曲博曾经记录用户看到鸭子的第一反应，"鸭王"就戴着土豪的 Google glass 去了，结果不知是"鸭王"用 Google glass 拍用户，还是用户用手机拍戴 Google glass 的"鸭王"，反正大家见面就玩儿起来了。曲博说"叫个鸭子"的回单率有60%，用户90%以上是女性，她们还有很多共同特征，诸如年轻白领、爱好新奇、乐于分享等。曲博认为，这些特征都有待挖掘和整合，从而可以有针对性地开展分享，让大家参与到产品中来。

用互联网做外卖的想象空间，革新配方、改变售卖方式、引爆网络、抢占媒体报道版面等，归根结底，使用的都是互联网思维。移动互联网下，不管是店铺装修、产品包装，还是产品自身，"叫个鸭子"都抓住了移动互联网的特点，鼓励大家用手机拍照，主动分享到社交平台上。比如，为什么用锡纸？因为，如果不将鸭蛋用锡纸裹上，就不像礼物，因为"叫个鸭子"买鸭子送鸭蛋，就是送给用户的礼物。

"叫个鸭子"的设计细节能够让用户眼前一亮。这里，好吃是应该的、必然的，送鸭蛋就是偶然。

分众化时代的一大特点是，信息传播的高度发达，让人群的聚集能更大程度地摆脱地缘、亲缘、业缘的束缚，以志趣相聚。"叫个鸭子"社群的聚集不是招募信徒，而是找到了一群志同道合的人交朋友，大家在一起玩儿，在一起分享体验，分享产品意见和建议，这么一帮趣味相投的"鸭血粉丝"为"叫个鸭子"的发展注入了活力。事实上，分享理念正在推动着社会从粗放型的工业化社会向集约型、环境友好型、可持续发展型的分享经济社会转型。从这个意义上来说，"叫个鸭子"与用户互动分享的做法具有引领作用。

● 有分享思维，才能参与分享经济

分享经济反对独自占有物品，主张以一种最高性价比的方式使用物品。对资源的独占实际上是一种浪费行为，因为这意味着我们拥有的比实际需要得多。而有了分享思维，就不仅仅是思考我们拥有的资源是否足够多，而是思考如何通过不同的方式对资源进行组合利用。

比如，可以分享自己的资产，如汽车、床和手机等；可以利用过去不知道其可能存在的网络，如社交网络；可以共享隐藏起来的虚拟产品，如公开数据、免费软件等；可以共享过去无法衡量价值的人才、专业、创造力和洞察力。

说得具体一点：大部分私家车在多数时间都会处于闲置状态，即使行驶在路上，也会有两个以上的座位处于浪费状态。同样，还有很多空闲的房产、酒店、机器设备或劳动力。具备了分享思维，即使个人没有这些资源，也能获得用车的权利、住房的权利、使用设备的权利等。

分享思维赋予用户的是使用权而不是所有权，用户只要花费一定的费用就能随时随地获得其使用权，而不用花费高成本买下它。利用社会闲置资源的成本，比购买某种资源的独占权要低很多，只要使用手机上的一个应用程序，就能获得别人拥有的同类资源的使用权。这里，我们不妨来看看微商的例子：

微商的朋友圈经济是熟人经济，是真正的分享经济。那些做得好的微商不仅有好的方法，而且他们本身具备一个好的思维、一个好的心态。善于分享，是微商的显著特征。

善于分享的微商都具备分享思维。有的微商卖不出货，朋友圈没有互动，代理也招不到，这是因为他没有分享思维，没有分享精神。他一直活在自己的世界里，除了每天看看朋友圈，就是偶尔在朋友圈刷广告，从来不会加入任何社群，从来不会去分享。在互联网里，在微信世界里，懂得分享的微商会告诉别人自己是怎样的一个人，诸如你是谁、你会做什么、你懂什么、你擅长什么、你能给别人带来什么等。只有你给人家带来价值，人家才愿意去跟你，才愿意去帮你。

具备分享思维的微商善于与人分享感悟。每个人都喜欢跟有思想的人做朋友，如果自己对微商有了一些感悟，如做人、创业、管理等真实感悟，都可以跟他人进行分享。比如，你在做微商的过程中学到了什么？最大的体会是什么？懂得什么？……将个人感悟编辑成文字，发到朋友圈，人们就会对你另眼相待。通过这段文字，他们能够看到你的另一面。

具备分享思维的微商善于与人分享成就。通过自己的努力取得了可喜成就，或获得了荣誉，就要分享出来，告诉身边的朋友。比如，业绩出现了突破，买到了房子、车子，公司给你颁发了业绩奖等，都可以主动分享出来，让别人看到你的努力和收获。获奖的分享并不是高调，而是一种正能量的传递，可以对他人起到一定的激励作用。越分享，越成功！

做一个成功微商，思维和心态是关键。从微商的分享思维及其做法来看分享经济，正是微商懂得分享、善于分享，才带动了整个商圈、生活圈的发展，也体现了分享经济的魅力。这是微商运用分享思维来参与分享经济的有力实证。

对更多的分享经济参与者来说，当组织或个人用分享思维对商业行为进行思考时，会在无形中发现存在产能过剩现象的领域，并从中找到商机。

其实，资源闲置与浪费无处不在，既可能发生在你身上，也可能发生在别人身上；既可能是现实世界中的有形实物商品、无形社会服务，也可能是虚拟世界中的信息资源、数据资源。这些过剩产能和闲置资源在过去很长一段时间被我们所忽视，却蕴藏着巨大的社会生产力和潜在价值，我们要做的就是，用分享经济的思维、方法、模式和行动激活它们，发现并创造新价值。

要搭建一个能够连接、组织和整合闲置资源与用户需求的开放分享平台，制定规则、设定标准、简化流程、提高效率。供需双方之所以愿意通过分享平台来完成交易，最重要的原因就在于，平台是一个更强大的组织，能够为资源分享做长周期和大规模的投入，保证供需双方的交易流程不断简化、交易成本渐趋于零。

搭建平台的出发点就是让更多的供需双方以更简单的方式、更低的成本参与进来，实现闲置资源的优化配置。可见，简单化、标准化和易参与是分享平台的基本属性。

分享思维为经济领域的资源优化配置提供了一种全新的思维方式，也形成了分享经济的两个核心价值理念，那就是资源的"使用而不占有"和"不使用即浪费"。

充分利用网络，优化资源配置

管理大师彼得·德鲁克对互联网的影响力有过中肯的判断，他说："互联网消除了距离。"这种影响具体表现为两方面：一是消除了空间的地理距离，二是改变了信息不对称的主动方和被动方的地位。

分享经济是一种基于互联网技术、规则、精神的新商业模式，其成长和发展离不开信息技术与网络经济的发展，网络的节点价值是分享经济扩张的枢纽。

分享经济是互联网深入发展的必然产物，正是因为有了互联网，才实现了资源的汇集、信息的透明、供需的匹配、效率的提升，交易公平也就成为可能，这些都是共享经济出现的重要推动力。因此，参与分享经济，不仅需要培养分享思维，更重要的是让分享思维落地，即用分享思维来利用互联网技术，通过建立互联网分享平台等对资源供需双方进行快速匹配，共享资源，降低交易成本，从而满足用户需求，缓解资源短缺与闲置浪费共存的难题。下面，我们就从互联网技术在分享经济中的作用入手，讨论如何利用互联网技术来优化资源配置。

● 互联网技术对分享经济的作用

分享经济之所以能够产生，首先有赖于移动互联网，因为只有移动互联网才能实现更广泛的连接性，让供需双方找到自己所需要的资源，从而使大规模的"共同享用"成为一种可能。简言之，移动互联网络的普及，才使分享经济真正有了规模效应。先来看下面这个网络约车的例子：

如今，网络约车与生活的联系越来越多，很多人出行时，都会选择网络约车的方式。比如，从家到工作地点一站直达，很多在北京工作的人都是先坐几站地铁或公交，到离目的地最近的站点下车；之后，乘坐网约车。如此，"地铁+网约车"或"地铁+公交+网约车"也就成了许多人出行的固定组合，出行的交通工具也就从原来的"单行线"变成了"组合拳"。这种组合，不仅能为用户提供个性化服务，还进行地铁沿线的上下班日常接送、护送用户安全回家等，是许多用户出行时的必备选择。

这种新的经济形态，对旧的出租车行业已经形成较为明显的冲击。这种新的交通出行模式之所以能够获得如此快速的发展，除了出租车市场的自由竞争、环保等因素外，私家车的存量和人们的出行需求也是主要原因。要想实现私家车拥有者与出行者的信息对接，就要依靠网络，智能手机和互联网的普及，使人们能够用低成本方式随时获取海量自己需要的信息。

当然，作为一种新兴事物，网络约车在发展过程中还存在诸多问题，如形成市场垄断、服务质量、乘客安全及保险等问题，这是需要管理者考虑和解决的。让人欣慰的是，2016 年末，北上广深等城市交通主管部门陆续出台了网络约车地方管理办法。相信今后的网络约车方式会越来越规范。

毋庸置疑，如果没有互联网技术，闲置资源的高效调度、点对点供给与需求的实时匹配、方便快捷的安全支付以及陌生人社会中的信任关系等实现起来都将遇到巨大的困难。互联网、移动互联网、物联网、社交网络、即时通信、移动支付等技术使信息的分发与获取、数据的积累与应用、资源的配置与优化更加方便、更加容易，从而使分享经济在全球范围内快速发展起来。如果没有新的技术集群，分享经济的理念只能成为某种意义上的空中楼阁甚至海市蜃楼。

正是互联网时代下经济范式的深化发展，才带来了不同经济领域和商业组织通过不同的方式和不同的比率重新优化配置资源的全新技术，使商业模式、经济制度和更深层次的社会文化都发生了本质变化。

分享经济的成功是建立在互联网技术集群之上的。那么，互联网新技术集群是如何实现分享的？

● 互联网技术是如何实现分享的

互联网尤其是移动互联网技术的成熟，实现了更便捷的分享，大大降低了分享成本。基于位置的服务（LBS），为多样化的分享服务提供了多种可能；而基于社交网络平台（SNS）建立的信任机制，更为使用权的公平交易提供了信用保障。

如今，移动设备的普及使个人与手机建立了密切的关系，实现了供给端对用户端实时需求的实时响应。这方面，典型的例子就是滴滴。

说起滴滴，很多人都很熟悉。从最初的滴滴打车，到之后的滴滴专车、快车、顺风车、代驾、巴士、试驾、快车拼车、顺风车跨城等，滴滴已经深深融入我们的日常生活中，在分享经济中独领风骚。

滴滴成立于 2012 年 6 月，最早的时候，是通过打车软件切入出租车市场的。2014 年，滴滴推出了专车服务，释放出了更多的供给侧力量。其紧抓用户痛点，提高供给，即使是在高峰期，乘客也能打到车。

2015 年 6 月，为了充分利用公司资源与多元化战略，滴滴顺风车上线。2015 年 7 月，滴滴巴士、滴滴代驾等纷纷上线。在尝试更多商业模式的同时，滴滴还进行了"一站式"出行平台大布局。从 2014 年 8 月到 2015 年 6 月，在短短 10 个月的时间里，滴滴就从单一的出租车业务，发展出专车、快车、顺风车等多元业务。

为了实现"3 年、3000 万、3 分钟"这一愿景，2015 年 5 月滴滴提出了"潮汐战略"，即整合社会的专业运力和零散运力，使用分档运营手段，灵活满足高峰期、低谷期不同时段人们的出行需求。

为了实施这个战略，滴滴对推出的各项业务进行了精准定位：出租车领域，主题就是进化、100% 应答，推出了动态调价体系和服务升级，让服务好的司机获得了更多的收入；专车领域，主题就是体面出行，滴滴为有较高需求或特殊需求的乘客推出了增值服务，为他们打造了极致体验；快车领域，滴滴降低了车的标准，更便捷、更经济。同时，在实施这一战略时，滴滴还推出了顺风车、快车、拼车、代驾、巴士、试驾等项目。

在用户画像系统、精准营销、智能匹配、需求预测系统和运能预测系统等方面，滴滴构建了技术核心竞争力后，于2015年5月成立了机器学习研究院，将多相关领域世界级科学家集合到一起，让滴滴出行平台拥有了大规模的数据智能分析能力，能够为用户设计出最合理的出行方案。2016年3月21日，滴滴公布的首份大数据成绩单显示：日订单量突破1000万，每秒完成115个订单。

当然，最值得一提的还是滴滴的派单机制。具体方式是：将信息推送给最适合区域的司机，让他们优先获得订单；注册方采取接单模式来赚取油钱，通常接单的都是顺路的，也有专业的滴滴司机，顺风车的价格低很多。

滴滴不仅最大限度地优化了乘客的打车体验，还改变了传统出租车司机的等客方式，司机完全可以根据乘客目的地、个人意愿接单。这种机制，不仅节约了司机与乘客的沟通成本，还降低了空驶率，最大化节省了司乘双方的资源与时间。

滴滴的"潮汐战略"及派单机制都需要大数据的支持，涉及复杂的数据分析、计算、智能搜索、LBS、精准推送等。滴滴的商业模式主要是供给侧的创新，即通过技术的突破，使供给方和需求方同时在线，同时发出需求，然后瞬间匹配，让供给侧原来很高的门槛变得很低。因此，大数据、云平台、匹配能力、存储、调度能力，才是滴滴的核心竞争力。

在新技术支持下，滴滴彻底引爆了人们对分享经济的关注，成为分享经济领跑者的滴滴用实践证明：只有以移动互联网信息技术为基础和纽带，分享经济才能高效、便捷、规模化地实现所有权与使用权的分离，从而真正使过剩资源的使用权能够在所有者和需求者之间实现精准匹配与合理分享。

从八大细分领域看分享经济的最新发展

传统意义上的分享经济体现为公众将社会闲置资源通过网络平台与他人分享，进而获得收入。但现在的分享经济已经出现了新的变化。许多人可以注意到，当前的分享经济至少产生了四个新变化：一是供需双方已经从个体参与衍生出企业；二是出现了非闲置资源的分享，比如共享单车，企业采购自行车供员工分享使用；三是过去的单个分享平台已经开始生态化发展；四是随之而来的由个人收入变成企业收入。诸多细分领域，如出行、住宿、物品、众包、教育、知识、医疗、内容等领域的分享实践都不同程度地反映了这些变化。下面我们来看一看：

● 出行分享：绿色出行已成趋势

所谓出行分享，指的是以共享单车、汽车分时租赁为代表的创业项目。这种模式，不仅满足了消费者求而不得的自驾需求，还避免了闲置资源车辆——无法被有效利用带来的浪费。如今，出行分享已经成为公众的一大出行选择。

共享单车是指企业在校园、地铁站点、公交站点、居民区、商业区、公共服务区等提供自行车单车共享服务。从 2016 年开始，共享单车连接出行"最后一公里"，成为产业和资本的热点。至 2017 年，共享单车已经形成摩拜单车、ofo 小黄车、哈罗、小蓝、酷骑、永安行、小鸣、优拜、步单车、快兔出行等品牌。

2017 年 9 月 25 日，第一批共享电单车陆续投放入池州的主城区，共有 1000 辆。使用车辆时需要支付押金，支持微信或支付宝支付，方便快捷；不使用时，可以随时申请退押金，即刻到账，没有后顾之忧。同时，该款车辆拥有实时定位、虚拟电子围栏、防盗技术等功能，还设置了双重 GPS 防盗追踪功能，并支持短信报警。共享电单车的出现让人们的出行更加方便和快捷。

共享单车的好处有很多，比如为人们提供了便利，为创办者带来巨大的利润，一举多得。这种新型分享经济，方便快捷、低碳环保，能够缓解交通压力，受到了人们的欢迎，虽然偶尔也会出现一些不和谐因素，但在分享经济时代，它必将会越来越完善。

出行分享，除了共享单车的热点外，还有汽车分时租赁业务。分时租赁是城市多层次公共交通体系的重要组成部分，可以多人分时共享、按需付费，汽车租赁业务便捷、自助、随借随还。目前，除个别企业，如戴姆勒 car2go 使用燃油车型外，多数分时租赁汽车都是新能源汽车。

吉利汽车控股集团与康迪科技集团合资成立了康迪电动汽车集团，集团推出的"纯电动汽车微公交模式"，目前由浙江左中右电动汽车服务有限公司负责运营。其采用分时租赁模式，在杭州市内各租赁点都能统租统还。

这种微公交模式采用了一种纯电动汽车自驾租赁系统，建立了可充换电智能立体车库和平面站点，开展分时租赁业务，多数分布在机场、车站、高档酒店、商业中心和居民区。各类设备的购置、建设、管理、充电和维护等都由公司统一负责。单座立体停车库能够停放 30~300 辆车，目前已经投入运营的可充换电智能立体车库租赁站点一共有 4 座，已经建成了 46 座平面站点。

互联网技术、智能技术的发展，持续提升了分时租赁产品的便捷性和整体体验。比如，无人驾驶技术的发展，为分时租赁市场的发展提供了更广阔的延展空间。2025 年后，通过无人驾驶，消费者不仅能够享受到自动的专车服务，企业也可以实现智能自动调度，进一步降低运营成本。

● 住宿分享：注重服务和用户体验度

每个细分领域里分享经济的兴起，都离不开切实存在的市场需求与痛点。随着用户对住宿体验多样化需求的不断增加、居民提高收入意愿的增加、旅游消费的不断升级转型以及技术的不断创新，住房分享作为新兴的市场痛点，吸引了新兴的住宿服务和体验方式，让闲置房屋有了新的用武之地。

如今，住宿分享行业已经步入快速发展阶段，行业兼并整合，平台生态雏形出现。领军企业从住宿分享平台外延拓展，构建起了以住宿为场景入口的生态圈，包括房源侧模式拓展，如长租、建筑、运营、众筹等，及用户服务链开拓，如用户侧的本地服务、旅游服务等，进一步推动了住宿分享行业的服务升级。

住宿分享平台的服务、用户体验度至关重要。国内在线短租平台经历多年探索，逐渐探索出本土化的出路。

小猪短租从 2016 年开始为房东提供标准化的保洁服务，房东只要一键下

单，小猪保洁团队就会为其上门提供清洁、换洗、消毒等服务，还原屋内陈设；完成保洁工作后，他们还会将照片上传到平台，每个订单都有专人监督审查。小猪短租的数据显示，100%获得"整洁卫生"好评的房源能够获得更多的预订，比其他房源高50%，目前小猪平台上月均保洁订单已经超过8万个。

小猪短租通过建立保洁、智能门锁等标准化服务网络，有效解决了困扰用户对卫生、安全等短租体验的核心问题。这是一种"以租代售"战略，它颠覆传统的面向消费者的卖新和卖多行为，从销售产品转向提供租赁服务，从而推动了双边市场的打开和行业的可持续发展。

●二手交易：个人闲置物品交易时代

二手交易也被称为"二手经济"，随着个体闲置资源存量激增、买卖双方交易意愿的提升，二手交易的数千亿市场潜力正在得到释放。如在二手车、二手手机、二手奢侈品、二手母婴用品、二手服饰这五大热点领域，其潜在交易规模均处于千亿元量级。下面是一个二手母婴用品的案例：

准妈妈阿钰还有两个月的预产期，她在淘宝网上买了许多母婴用品，包括哺乳枕、孕妇枕、尿不湿、奶嘴、水杯、衣服、婴儿车、婴儿床、温奶器、吸奶器、辅食机等。其中，二手婴儿车九成新，只花了400元，同款婴儿车商场要2000多元，海淘也要1500元，其他用品的价格也都比市场便宜，阿钰觉得非常划算。

通过浏览阿钰发现，淘宝网、赶集网、58同城等网站都设有专门的母婴闲置板块，为用户提供交易平台。交易的商品涵盖了孕、婴、童等多种类别，与商场、超市购买的新商品相比，这些用品至少便宜20%，大多数价格都在5折以上。有的妈妈为了腾出空间，只要买家愿意出邮费或上门自提，婴儿车、衣物甚至还会白送。

二手交易黄金时代到来的背后，主要源于供给端、需求端和平台端这三大因素加持。供给端的人均购买力提升、网络购物便捷，需求端的年青一代崛起、消费理念升级，平台端的闭环交易体系标配、"去中心化"和"去中介化"，均表明实现了创新的突破，从而催生并且助推了二手交易的出现和发展。

● 众包分享：赋能于人，个体价值多元化

随着分享经济的发展，大家都在探索、寻找新组织方式与管理方法，以期能掌握主动。众包正是在这样的环境下，快速发展起来。借助于社会化力量运作，通过众包满足临时性的劳动力和服务需求。众包主要有工作众包和服务众包。

工作众包是互联网时代共享模式对工作方式的改变，是对人才使用方式的转变，也是对财富分配方式的转变。在分享经济模式下，人们既可以是生产者，也可以是消费者，商业行为更加主动，作为供需方的个人通过平台就能直接对接。

工作众包实现了人才的共享，不再局限在一个组织，不再受困于时间和地点，能够创造出更多的价值；同时，人才直接参与社会分配，每个人都能将自己的能力发挥出来，承接适合自己的工作，创造最大的个人价值，获取回报；另外，企业直接购买劳动结果，少了管理环节，不用限制人才的工作

行为，大大降低了组织成本，风险也大大下降。

国外的"斜杠青年"（拥有多重职业和身份的多元生活的人群）、自由职业者，就是众包模式下的工作者。其实，"斜杠青年"不只流行于国外，国内一线城市也出现了他们的身影，数量还在迅速增加。在他们当中，有的是自由职业者，依靠不同的技能来获得收入；有的有一份朝九晚五的工作，在工作之余做自己喜欢的事，获得额外收入。

就读于中国传媒大学的Ruby学的是电视制片专业，在拍片、剪片方面很在行，最大的兴趣爱好是美食和古筝。Ruby和同学做了一个关于美食的公众号，每篇文章保持5000+的阅读量，这个月还有了广告投入。这样她还不满足，除了平时上课，Ruby还通过某网上平台找到了"打零工"的机会，教一个三年级的女孩古筝。

分享经济最终应该落到人的共享中，比如案例中Ruby拍片剪片、美食和古筝的技能共享，而不能单单是物质的共享。从人的技能共享开始，慢慢地改变社会现有的职业规则，个人不再为单一公司和所谓的老板服务，而是以灵活快捷的自由人团队取代现有的小资本集团，从而弱化了公司，减少了大部分非生产型公司对人的剥削。一个任务如果交给一家专业的公司，可能需要巨额报酬，交由一个专业的职业自由人可能只需付出很少的报酬。国内外已经有几个这样的平台目前都是这种模式，给自由职业者提供技能共享服务。

在工作众包模式中，有一个现实情况我们应该搞清楚，这就是去中介化/去机构化和再中介化/再机构化的问题。

众所周知，在传统的供给模式下，用户是通过商业组织来获得产品或服务的。商业组织的高度组织化决定了其提供的主要是单一、标准化的商品或服务；同时，劳动者或服务提供者需要依附于商业组织，间接地向消费者提供服务。分享经济出现后，劳动者不再依附于商业组织，可以直接向用户提供服务或产品，商业组织的功能得以弱化，这就是去中介化现象。

虽然个体服务者可以脱离商业组织独立存在，但为了更广泛地接触需求方，需要接入互联网的共享经济平台。因为，个体服务者脱离了有组织的商业机构，需要自己解决办公场地、资金、客源、营销等问题。也就是说，在线下，陌生人接触，是很难涉及供需问题的；而平台的出现，不仅能够在前端帮个体服务者解决办公场地、资金等问题，还可以在后端帮助他们解决集客问题。

平台是劳动方和需求方的中介，可以帮他们参与到复杂的市场经济职业中。同时，靠着平台的集客效应，单个商户可以更好地为用户提供优质的产品或服务。个体服务者脱离商业组织后，就成了独立的劳动单位，与共享经济平台的关系松散：可以接入多个平台，可以根据自己的需求调节服务时间。同时，这种松散的关系能够促使并激发他们提供更多样化、个性化和有创意的服务或产品，获得更多的好口碑，帮助他们在平台上更好地集客，这就是再中介化现象。

去中介化/去机构化体现了人性的解放，再中介化/再机构化是解放人性的新途径。这一来一去的过程，无形中也过滤掉了那些不称职的平台（中介和机构），正所谓大浪淘沙。

服务众包是分享经济行业的新兴领域，不仅已成为创业热点，同时也是拉动就业的龙头。

高考结束后，张毅发现，在一个网站上可以通过领任务的方式推广产品，

可以通过 QQ 群发截图来获得佣金。在实际操作中，他还发现，到 QQ 群中群发广告，不仅很难加进去，还容易被"踢"出群。

张毅多方思考之后，自己开发了一款软件——威客达，1 分钟能生成 5 个 QQ 群的截图，让他赚了不少钱。之后，他将这款软件放到网店上去销售。

一个人负责网店所有的运营，非常辛苦，张毅就采取众包的方式发展代理商，如今已经发展出了四五百个私人代理，收入也已经日入过万元。

服务众包的对象现在已经从面向企业的威客服务向私人服务转变。面向企业的威客模式起步较早，专业性很强，融资额也较大，而面向个体的私人服务平台正在逐步崛起，张毅发展代理商就是利用网站平台实现的。

如今，服务众包平台已经从综合性平台向长尾化平台转变。无论是面向企业的专业性服务平台，还是面向个体的私人服务平台，都呈现出长尾化的发展趋势，更容易获得流量和资源的聚焦，更容易获得资本的关注。

●教育分享：在线教育方兴未艾

教育实现分享的一个重要方式是利用互联网工具进行教育活动，在线教育平台是典型模式。在线教育平台即在线网络的教育平台，其实质是面向全国甚至全世界的资源共享，是零距离，是一种全新的教育、学习交流方式，一种新的工具型平台。

根据各个平台的资源运作方式，在线教育平台一般可分为四种类型：B2B2C 平台型、B2C 服务型、辅导工具型和网校型。如表 2-2 所示。

表 2-2　在线教育平台四种类型及代表案例

类　型	平台特点及代表	案例分析
B2B2C 平台型	这是一种在线教育主流方式，通过和机构合作，个人老师入驻的形式，向学习者提供在线和点播的网络授课资源。典型的平台有网易云课堂、传课网、YY 教育、多贝、51CTO，以及各种公益的公开课等	以网易云课堂为例，这是一个综合性课程学习平台，通过精选国内外优秀课程，向用户提供"观看视频—做课程笔记—答疑解惑—题库练习"整套闭环体验。其课程质量较高，偏重精选课程，课程大部分来源于认知机构和专业个人，严格的审查和遴选，降低了用户的试错成本。通过"技能图谱""猜你喜欢"等功能，让用户很好地定位自己的知识水平和薄弱点，做出合理的课程学习选择。此外，其还具有良好的互动性，通过"精选笔记""答疑解惑""题库训练"等功能，形成学习闭环，增加用户黏性
B2C 服务型	此类平台自主制造高质量内容，类似电商界的京东，希望通过高质量的内容和服务服务用户。目前，此类在线教育平台较少	酷学习通过网站自主制造一系列有趣的教学微视频（大约在 10 分钟），服务于在校学生的教学网站。其注重打造微视频概念，有趣、好玩、短小精悍，把一个科目的学习内容打散切割成一块块小的部分，从而有助于学生快速找到薄弱点，利用零碎化时间实现趣味化学习
辅导工具型	此类平台主要通过答题、智能出卷、闯关做题等方式复制用户学习，多以 APP 为主，如猿题库、问他作业、我要当学霸、百词斩等	梯子网是中小学优质教育资源共享平台，主要通过答题、智能出卷、闯关做题等帮助学生进行课后试卷练习和讲解，其趣味化的学习方式和闯关排名统计，可以帮助学生形成良好的学习刺激机制
网校型	这是一种提供真实的 1 对 1 师生视频辅导交流平台、网络家教平台，如 91 外教、1 号教室、新东方等	此类竞品太多，此处不再做具体分析

　　在线教育平台皆以提高效率为前提。利用网络先进的技术改变师生的交流方式，进一步提高学生掌握知识的效率、进一步培养学生的学习能力是网络教育的本质。分享经济当前正处于黄金发展时期，教育领域将大有作为。

● 知识分享：知识变现热潮

所谓知识分享，是指由知识拥有者到知识接受者进行知识的跨时空扩散。分享的知识不仅包括可编码的明晰知识，还包括与个人的经历和背景密切相关的隐性知识。从 2016 年开始，知识分享付费的供需两端和交易规则已然成型，我们已经步入知识付费时代。

腾讯企鹅智酷和罗辑思维合作推出了"得到"APP，每天 20 分钟，可以帮助用户学知识、长见识、扩展认知、终身成长。知识大咖罗振宇、李笑来、薛兆丰、宁向东、万维钢、武志红等集体入驻，为用户量身打造了一个大咖专栏。此外，还设置了每天听本书、李翔知识内参、罗辑思维、精品课等板块，内容涉及商业、方法技能、互联网、创业、心理学、文化、职场等。

此 APP 为用户提供了最省时间的高效知识服务，用户在短时间内就能获得有效的知识，实现了从知识分享向个体服务交付的转变。

"得到"APP 是一种个人知识、经验的有偿分享模式，是专业人士剩余时间的分享经济。《认知盈余：自由时间的力量》一书的作者克莱·基舍认为，全世界受教育人口每年的自由时间多达 1 万亿小时，即所谓的"认知盈余"。面对巨量的认知盈余，将其采用合理的方式利用起来，可以产生超乎想象的巨大价值。

未来，知识分享定然会呈现以下发展趋势：

（1）富媒体化发展。知识生产和传播的载体呈现出富媒体在和去中心化的发展趋势，语音问答、音频课程、直播沙龙、O2O 等实现多元化发展。

（2）优质知识入口崛起。知识网红、优质知识生产机构能够成为头部知识生产者。

（3）平台化、融合化和垂直化发展，众多垂直型专业化知识分享平台崛起。内容付费市场逐步成熟、"小白中"付费人群崛起、认知盈余变现需求驱动，会共同推进知识的变现。

● 医疗分享：从线上走向线下，"互联网+医院" 兴盛

医疗分享现在已经形成三大模式：一是在线问诊，起步较早，提供"一站式"医疗服务。二是医生上门，多为保健及康复治疗，整体处于起步阶段，统计的医生上门企业中，九成企业的融资在 A 轮以下，发展前景存在争议。三是多点执业，受国家多点执业政策推动，已经成为新潮流。未来，医生从多点执业到自由执业有望成为趋势。

"知乎 Live"是知乎推出的一种付费语音问答服务，用户只要向各行业专业人士发问，只需一分钟时间，就能得到自己想要的答案。"知乎 Live"邀请的嘉宾一般都是来自社会及站内获得广泛认可的专业用户，还有权威医疗人士、医疗科研专家、各大医院主治医师等行业大咖，在"医学与健康"分类中，大家一起分享医疗行业的知识经验。

"知乎 Live"邀请医院名师入驻，进行在线答疑的碎片化轻问诊，这种模式在上述三个医疗分享模式中属于"在线问诊"模式。目前"在线问诊"这一入口地位凸显，是线上线下融合的"互联网+医院"模式，提供诊疗服务供应、医疗资源配置和医药险的全要素环节配置。

● 内容分享：通过直播传播内容，催生网红经济崛起

如今，内容生产和传播方式正在从传统的图文模式向以音频和视频为载

体的富媒体化发展，其主要方式是直播。直播是内容创业的新热点，促进了网红经济崛起。成熟的网红已经发展为秀场的优质 IP，网红主播人气大、流量高。冯提莫就是网红主播的一个典型。

苏宁易购曾在"6·18"电商大促销活动中率先招募了一大波网红，6月1日资深网红、LOL 萌神冯提莫在直播平台上登录苏宁易购，不仅卖萌自拍、深情演唱，还带来了苏宁最新首发的联想 ZUKZ2 手机，一边萌态十足地唱着小曲，一边跟消费者亲密互动，赢得了数十万粉丝的疯狂点赞和留言。直播结束时，苏宁易购红人直播间当天观看人数约有 100 万人次；苏宁易购页面流量同比增长 280%，直播互动数为 30 万条，平均每秒产生 83 条弹幕留言。此外，红人直播间还产生了明显的导购效果。当晚的 1 小时直播，让联想 ZUKZ2 手机预约量突破 10 万台，网红主播带来了巨大的流量资源。

在互联网平台的强势背景下，高效的平台要想提高竞争力，必须跟优质的内容产品结合起来。所谓优质的内容，就是好玩、好看、好用。现实中，内容原创者和分享平台都会在"内容为王"上下功夫。

● 金融分享：从巨头"试水"走向行业规范

金融本身就建立在分享的基础上，其将个人不用的钱或其他资源在短期内不用的情况下，通过一种信用机制，转给他人短时期使用。随着现代技术手段，包括互联网、大数据和云处理等的发展，金融发展得更充分，让专业团体从事的职业进一步普及大众，充分展示了金融的共享本质。目前，金融分享形式主要体现在股权众筹上，通过股权众筹，企业可以便捷地获取社会化资金运转。

　　股权众筹在 2016 年迅速升温，互联网行业巨头纷纷"试水"股权众筹市场。比如，京东东家的"领投+跟投"机制逐步走向"生态孵化模式"；蚂蚁达客与淘宝产品众筹等平台合作，提供全成长周期融资服务；360 淘金采取"远期定价"模式；百度百众基于百度生态圈，为企业提供全生命周期服务；苏宁私募股权以"领投+跟投"机制对接苏宁创业生态圈；米筹金服对接小米生态，采取"推荐+领投+跟投"机制……

　　2017 年是股权众筹行业发展高峰期，各种众筹平台，如淘宝众筹、京东众筹、平安众筹商城网、淘梦网、众筹网、摩点网、追梦网等，使创业者有了更多的选择。

　　股权众筹行业快速发展，但监管也越来越严格。监管新形势下的中国股权众筹洗牌期即将结束，我们相信，2018 年行业必然会更加规范。

　　总的来说，上述几个细分领域所反映的变化，事实上已经产生了新的社会示范意义，即不再纠结于个人闲置与否，而是注重以分享的理念和模式在更大的经济视野中激活剩余，进而形成新的业态和消费增长点，缓解传统经济升级转型的痛楚。

第三章

协同创新：分享经济下的思维格局

　　无论我们是习惯原始脑还是思考脑，所有的行动都是从认知出发，产生相应的行动，并导致最终的结果。要改变原有结果，就必须从认知入手，转换思维，改变理解这个世界的方式，进而确定新的思维格局。分享经济风头正劲，"独占"式微，"共享"兴起，我们的思维必须跟上时代的步伐。分享经济强调与他人"共同享有"，要求具备协同创新能力。协同创新是一种智慧行为，它海纳百川，致力于充分发挥各自的优势，弥补相互之间的劣势。协同创新是分享经济的必由之路，有了这种思维格局，分享经济才能发展。

分享经济下的创新新视野——协同创新

为了对 2014 年在上海开幕的浦江创新论坛表示祝贺，习近平主席发表了祝贺信。本届浦江论坛的主题是"协同创新共享机遇"，习近平在贺信中指出，无论是制度创新、文化创新，还是科技创新，都要全面贯彻"协同创新"这个理念。同时，他还在第二届世界互联网大会开幕式上指出："我国将发展分享经济，支持基于互联网的各类创新，不断提高发展质量和效益。"

李克强总理于 2016 年在大连举办的达沃斯论坛上指出："分享经济是拉动经济增长的新路子，通过分享、协作方式搞创业创新，门槛更低、成本更小、速度更快。"这句话充分肯定了分享经济对于拉动经济增长的作用，同时强调了协同创新对发展分享经济的重要作用。

中共十九大报告提出："在中高端消费、创新引领、绿色低碳、共享经济、现代供应链、人力资本服务等领域培育新增长点、形成新动能。"此前，共享经济连续两年被写进政府工作报告，发展共享经济也是"十三五"规划确定的目标。

政府高层一再强调协同创新、分享经济，那么我们如何理解协同创新呢？如何在分享经济中进行协同创新呢？

● 如何理解协同创新

所谓协同创新，指的是围绕创新目标，多主体、多元素共同协作、相互补充、配合协作，实现创新。其特点主要有：各独立的创新主体目标一致、内在动力一致、能够直接沟通、依靠现代信息技术构建资源平台，可以进行多方位交流、多样化协作。

协同创新使经济的科技支撑性获得新发展，协同创新的本质特征在于，它是一个理念，是一条创新途径，更是一种创新机制体制，是为创建中国特色自主创新体系这个大目标服务的。机制、理念可以是无形的，就像现在的微博一样，是一种平台效应。协同创新的形式应该是多样化的。由于不同的企业、不同的地区各自的需求不同，协同创新的形式也就不同，采取的体制机制也一定不同，有松散的、有聚集的，有以产研为主的，也有产学研结合的，等等。

要想实现协同创新，必须确立一个明确的攻坚目标：自己要做什么？做到什么水平？此外，还要有一个领军人物，具有全球化视野，有整体的把握和设计思路。

从企业家角度来说，做一项领先产品，理想的情况是：总体设计思路是自己的，需要的技术可以不是自己的，只要会整合即可。也就是说，产品的知识产权是自己的，但涉及的技术并不是完全靠自己，可以在世界范围内寻求技术合作伙伴。只要对方的技术先进、符合你的要求，就能通过商业化模式运用。

企业家的作用就是，围绕明确的目标，搭建一个平台，让资源在这个平台上准确地找到自己的位置，找到相互联系的方式，聚集多方智慧和力量，不断突破和创新。协同创新平台的效率，不仅取决于体制机制，还取决于信息的沟通，注重协同创新，以创新驱动发展，未来之路定然会越走越宽。

• 分享经济模式下的协同创新

在分享经济模式下，协同创新可以使供需双方之间分享其闲置资产，从有形的闲置资产共享到无形的产能共享，帮助供需双方更好地通过协作实现双赢。分享经济模式下的协同创新实际上就是要构建一个以低成本、高效率、加速度将微小创意转化为生产能力的开放式创新创业生态系统。这个生态系统让整个系统中的各个要素相互依存、相互依靠、相互作用，使系统中的资源能够快速流动，因此该生态系统的特点表现为开放、协作、分享、共赢。协同创新是分享经济下的新视野，是适应分享经济发展要求的动力源泉。

那么，分享经济中如何进行协同创新？或者说在哪些方面进行协同创新呢？协同创新，重在"协同"二字，协同创新强调要素有效汇聚和突破创新主体间的壁垒，因此所谓协同就是要素协同和主体协同。先来看要素协同。

要素协同是协同创新的重中之重，是分享经济的重要抓手。要素充分协同，才能优化资源，这是分享思维落到实处的具体体现。什么是要素协同？先来看看下面的例子：

过去，李立曾是一名技术经理，经常需要出差。"焦糖"是他的爱犬，因此每次出差，照料爱犬也就成了大问题，只能不断地请求家人、朋友帮忙。他不想将"焦糖"送到宠物寄养店，一有出差任务，就疯狂地在家人、朋友甚至邻居中找人帮忙，每次都让他精疲力竭。

李立对互联网平台很感兴趣，在一次次的困惑中他意识到，针对不愿意把爱犬送到寄养店或日托中心的人，可以开发一个类似于 Airbnb 或 Uber 的平台。于是，他就在网上发布了一个叫作"流浪者"的软件。通过该软件平台，人们可以雇佣照顾或暂时收养自己宠物的人，而这些人都是经过筛选的爱狗人士。直到今天，"流浪者"已经拥有了约 230 名经过认证的"宠物保姆"。

"流浪者"使用多重评论和管理流程，包括参考建议、可选的背景调查、社交账号验证、在线培训和考试，主要对申请人进行关于宠物狗的看护计划、看护环境的人工访问，考察申请人是否具备足够的品格及经验。如果"宠物保姆"通过了考察，"流浪者"就会收集他们的响应度、重复任务和照片分享数据，确保他们能按照要求执行任务。

为了减少宠物主人对宠物的担忧，"流浪者"提供全天候的兽医咨询和优质的宠物保险，宠物主人甚至还能看到"宠物保姆"与这些狗狗亲密互动的照片或音乐视频。在"流浪者"的官方网站上有一个现场直播视频，通过现场直播，每个人都能看到总部的工作状况。

"流浪者"使用的是一种简单的在线平台支付模式，其费用是固定的，而且没有小费。而"宠物保姆"则可以通过"流浪者"、信用卡或支票得到工资。

从这个案例可以看出，李立的分享经济模式主要有以下几个特点：

（1）有供应源，即不愿意把爱犬送到寄养店或日托中心的人。

（2）筛选与培训，比如，"流浪者"使用多重评论和管理流程。分享经济的意识形态看起来似乎很广，且对社会有着积极影响，但并不是所有人提供的资源都适用于生意。而且，即使他们不是员工，也代表了店铺的脸面，因此培训非常重要。

（3）建立信任，比如，"流浪者"的现场直播视频服务。在线平台与用户建立信任，是将对接的信息落到实处的关键。只有建立信任，才会获得用户好评，获得消费者信任和开发潜在用户同样重要。当然，与供给方建立信任也很关键。

（4）简化支付方法，比如，"流浪者"的在线平台支付模式。实现分享最重要的任务之一就是减少运营过程中的成本支出和困难。

（5）关注品牌建设。在沟通交流过程中，聪明的创业者会发布更多吸引眼球的内容，为自己的品牌打下坚实基础。

著名咨询公司麦肯锡的"7S模型"也会给我们要素协同方面的一些启示：

"7S模型"包括硬件和软件两部分：硬件指的是战略、结构、制度；软件指的是风格、人员、技能、共同价值观。麦肯锡认为，这些要素虽然无法用肉眼看到、很难描述，但它们都很重要，与组织的成败有着密切关系，不能忽略。

麦肯锡还认为，组织的成功，关键在于各要素的协同匹配。管理者要认真研究这些要素，正确识别在特定目标下需要调整的要素，目标可能是提升组织表现，也可能是在变革中保持各要素的协同。

结果显示，运用麦肯锡"7S模型"的企业，相关部门都能更好地融合，目标战略的实施也更加高效，能够从整体上提高组织的表现。

俗话说，"巧妇难为无米之炊"。我们知道，任何一项创新成果，一定是各创新要素集合后协同发力的结果。只有具备了必需的要素，才能称为分享经济。总结分享经济要素，大致有如下几个，如表3-1所示。

表 3-1 分享经济要素

要素	含义
供给方有双重身份	分享经济有物品的拥有者和物品的使用者，二者要同时担任。供给方既是资产的拥有者，同时也是使用者。拥有的身份是基础，使用的身份是必要条件，如果不同时是使用者，那么就仅仅是一种租赁关系。也就是说，只有将自己的东西分享于他人方能称得上共享，否则就是出租
供给的结构性过剩	供给必须要上升到庞大数量的过剩才会有显著的市场价值，否则无法规模化地追求规模价值
碎片化市场需求	以碎片化的方式将供给输送到市场，这样就不会影响到资产供给方的正常使用
连接互联网	互联网能完成高效的数据耦合，保证服务的交付和交易的高效管理匹配
提供方式为有偿提供	有偿提供意味着商业价值，意味着整体上的经济和高效
规模化市场需求	具有一定的规模，高频或刚需是必备的。这意味着，过剩的供给才能有市场买单，形成交易

要素协同，就是配套的上述各要素间的协同。要素之间的充分协同，可以在更大范围内、更高平台上优化资源配置，提升配置效率，激发要素活力，促进成果涌现，加快成果的流动与转化，从而实现共同进步、合作共赢。当然，要想让要素发挥作用，必须借助一种强大的推动力量，这就是我们所说的协同推动。协同才能发力，发力才能产生好的结果，要素才能迸发出创新的活力！

再来看主体协同。

主体有效协同，才能创新发展，这是分享思维的具体体现。那么什么是主体协同？来看看下面这些城市的做法：

在北京、深圳、南京、上海、杭州、大连等城市，目前出现了许多"众创空间"新平台，这些为创新创业服务的平台面向公众群体开放，提供创新活动所必需的材料、设备和设施，定期提供创新成果和经验的分享以及以学习为主导的社交活动等。

以南京市为例，近年来，南京市坚持以创新创业作为经济转型发展的重要驱动，大力发展众创空间，引导众创空间向专业化、垂直化发展，重点打造出了一批集聚度高、活跃度高、协同性强、辐射力强、品牌效应显著的专业化众创空间。到 2017 年底，南京市共出现了 210 家众创空间，其中省级备案 109 家、国家级备案 27 家。

在这些众创空间里，投融资主体积极地对接供需信息，众创空间能够良性运转，如今众创空间天使投资（种子）基金（资金）规模已经接近 134 亿元，在孵企业累计获得近 28 个亿投资额，获得投融资的企业为 1081 个。

2018 年 1 月，科技部公布了第二批国家专业化众创空间名单，南京市生物医药国家专业化众创空间、新材料国家专业化众创空间、激光技术国家专业化众创空间都名列其中，占江苏省全省总数的 60%；同时，这也是江苏省第一批国家级专业化众创空间。

上面介绍的众创空间主要都是针对企业的。企业是实体经济的主体，也是承担相应风险的主体，其经营需要协同，必然会涉及多个创新链和产业链，单独的企业主体是无法完成的，需要多家企业或机构一起推进，需要多个主体企业共享成果、共担风险。

事实上，无论是对企业还是对个人，主体协同都至关重要。普遍适用于企业和个人的主体协同，原则上都要注重三个层面的协同和创新，如表 3-2 所示。

表 3-2　主体协同的三个层面

事 项	含 义
互动交流	不同主体之间进行充分互动交流非常必要，尤其是在目前鼓励"大众创业""草根创业"的形势下，只有经过充分的交流与沟通并形成共识，不同主体之间才能相互了解、相互学习、相互提升，从而实现共赢
平等协商	创新涉及的主体之间在组织目标、文化背景、专业领域上均有差异，在合作与协调过程中必然会产生各种分歧和利益冲突，因此不同主体之间平等地开展协商对话是弥合分歧、化解矛盾的重要途径，也是使合作与协调得以在利益共享基础上继续开展的关键因素
目标导向	通过切实可行的目标考核与经验总结，为持续的合作与协调提供基础，也为利益的合理分配提供有效依据。创新作为一项高收益、高风险的行动，更需要确定各个参与主体之间风险共担的责任，只有明晰了责任，才能保证合作与协调的可持续性和有效性

协同思维的两大方法：平行思维、双赢思维

协同思维注重全局统筹、系统协作，要求有大局观和协调意识，形象地说就如杂技师同时转十几只盘子，虽左右开弓却能运转自如。分享经济要求在协同中实现共同享用，既要运用平行思维，从不同角度认知同一供需信息及双方利益，使之完成关联耦合；也要运用双赢思维，让供需信息及利益通过合理对接都能获得价值。

● 平行思维：关注供需信息和利益并实现合理对接

平行思维也叫双向或多向思维，是指从不同角度认知同一个问题的思考模式。当人们使用平行思维时，便能够跳出原有的认知模式和心理框架，打

破思维定式，通过转换思维角度和方向来重新构建新概念和新认知。运用平行思维参与分享经济，能够拓展视野，促进创造性思考和建设性思考，从而看到解决供需矛盾的更多的可能性。

平行思维说起来很抽象，下面这个故事有助于我们理解什么是平行思维：

有个商人欠了高利贷者一大笔钱，因为无力偿还，面临入狱的危险。这个高利贷者又老又丑，但他却早已对商人美丽的女儿垂涎三尺，于是提出了一个要求：只要让他得到商人的女儿，商人就可以取消债务。

听到这个提议，商人和女儿都吓坏了。狡猾的高利贷者进一步说："我们就让上帝的旨意来决定这件事情吧。"之后，他把两颗黑白不同颜色的鹅卵石放进一个空钱袋，让少女挑选出其中一颗，选中黑色，她就要嫁给高利贷者，她父亲的债务也会被取消；选中白色，她就能继续留在父亲身边，债务也将被取消。但是，如果她不挑选鹅卵石，她父亲就会被送进监狱，她也要开始挨饿。

商人没有办法，很不情愿地接受了这一提议。当时，他们正站在高利贷者的后花园，脚下就是一条由黑白鹅卵石铺成的小路。高利贷者弯下腰，捡起两颗鹅卵石。这时候，敏锐的少女吃惊地发现，他捡起两颗黑色鹅卵石，分别放进钱袋。接着，高利贷者便让少女选出决定着她和父亲命运的鹅卵石。

少女迟疑了片刻，将手伸进钱袋，拿出一颗鹅卵石。在大家不注意的时候，她装作不小心的样子将它丢在地上。地上到处是黑白鹅卵石，根本就分不清哪颗是刚才掉在地上的。

少女羞涩地说："我真是太笨了，可是没关系，只要看看钱袋里剩下的是什么颜色，就知道我刚才选了什么颜色的鹅卵石了。"

剩下的那颗鹅卵石肯定是黑色的，而高利贷者不敢承认自己的欺骗行径，于是少女刚才选出的那一颗自然就被认为是白色的。

故事中，少女之所以能够奇迹般地把看起来完全不可能的事情转换成了对自己有利的情况，就是因为运用了平行思考的方式：既可以关注钱袋里的鹅卵石，也可以关注地上的黑白鹅卵石。不挑选石头，父亲就会被送进监狱；而只要做出选择，就要被迫嫁给高利贷者。结果，少女换了一种思维——"遍地的黑白鹅卵石都能为我所用"，于是就避开"必须在钱袋中的石头里进行选择"的陷阱。

在分享经济里，平行思维可以做到全局与局部相配套，当前与未来相协调，整体推进与重点突破相统一。也就是说，分享经济中的平行思维关注"遍地的黑白鹅卵石"，即关注供需信息的不对称并致力于解决这个问题，为此，这种思维讲究聆听、理解、设计和创造，从而实现供需信息的有效对接，让资源得到优化配置。由此可见，平行思维不仅能够理顺供需双方的关联，更能够凝聚分享力量、催生经济动力。

● 双赢思维：通过对接信息，实现双方价值

所谓双赢思维，就是在考虑自己利益的同时，换位思考如何同时让他人保证最大利益，这与分享经济的精神指向是一致的。分享造就双赢。下面来看几个最为人称道的案例：

摩拜单车没有设置固定桩位，用户只要使用智能手机扫描二维码，就能自动给单车解锁、使用；到达目的地后，再手动上锁即可。如此，用户就能在任何规定位置使用并停放单车，骑行费用半小时只有1元，使用微信或支

付宝支付都行，体验更加流畅、便捷。

星域 CDN 关注总量无限且多数时间处于闲置的个人家庭带宽资源，在个人家庭中安放智能硬件"赚钱宝"，就能打破以往 CDN 带宽资源的桎梏，找到海量质优价廉的带宽资源。星域 CDN 通过内容分发网络，潜移默化地改变了行业格局。

途家网认为，在大力发展个人房源时，要看到国内普遍不高的个人房源质量与房客较高服务要求之间的矛盾。由此，途家将自己的部分精力投向了高质量闲置房源共享上。线下，途家网进一步推行五星级酒店式管理体系，先后收购了蚂蚁短租、并购携程和去哪儿等民宿业务，整合提升了优质房源；线上，推出了途立方平台，为开发商和购房业主优化升级了住宿共享解决方案。在目前的民宿市场份额中，途家位居榜首，创下了单日订单破 6 万间的行业最高纪录，让高质量闲置房源实现共享，构建了短租行业新规则。

从上面的例子可以看出，双赢思维最重要的是要懂得换位思考，可以说换位思考是分享经济的黄金法则。总的来说，分享经济下的协同思维，不仅要链接海量供需信息，更要兼顾供需双方的利益，唯有整体考量，统筹协调，才能协同推进，真正实现资源的共同享用。

协同创新思维引领下的商业模式

分享经济下的商业模式创新，需要考虑供需双方的信息和利益，也要考虑平台效率和效益，这需要运用协同创新思维来引领，以重构企业的经营逻辑。

● 分享经济五种典型的商业模式

采用分享经济模式，将个人物品、服务及心得分享给他人，会让自己得到更多的满足感。

物品或服务的分享，就是在分享平台的帮助下，帮他人更加迅速、有效地找到自己所需的商品或服务。在做或做完某件事后，很多人都想分享给家人、朋友或陌生人，如果这些人对分享的内容是认可的、愉悦的、互动的，分享者就会感到很开心，这就是分享带来的快感。思想方面的收获包括兴趣、经历、成果或心情，将它们分享开来，也能带来分享的快乐和收益。

在移动互联网时代，这种分享经济现象在全世界遍地开花，已经演绎出了五种典型商业模式，如表 3-3 所示。

表 3-3　分享经济五种典型商业模式

模式	简介	案例
微博式	通过关注周边发生的新鲜事，再以新奇视角的方式随时随地向公众进行分享	微博是基于用户关系的信息获取、分享及传播平台，用户可以通过各种用户端组建个人分享社区。以微博式短博客，通过"私信"发送消息，实现一对一即点对点的传播，通过"关注"实现一对 N 即点对面的传播，通过"转发"实现 N 对 N 即裂变式传播。因此，微博具有即时性、群体性、广泛性、自媒体性的传播优势

续表

模式	简介	案例
社交式	通过兴趣、休闲、炫耀，把私密和心情在身边生活圈子进行分享。社交式商业模式其实就是开放平台+朋友圈，利用社交平台，以用户交流和关注点为基本，从个人在社交媒体里面的信息足迹和人际关系链出发，把线下产品或服务推广巧妙融入社交互动这个无形推手中，在一定程度上形成"口碑营销"，进而通过互动，激发更多的圈子群体形成几何数级传播，从而创造更好的品牌价值或者销量增长	Facebook 是一个帮助用户与现实生活中的朋友、同事及周围的人保持联系并分享生活体验的社交工具，同时也是美国排名第一的照片分享站点。在 Facebook，用户通过分享图片、发布链接和视频，增进对朋友的了解。Facebook 的显著优势在于，用户绝大多数是实名制，因此可以通过对用户行为数据的细分，实现更精准的广告投放。 微信则是国内最大的移动版社交互动平台，通过微信，用户能够实时分享文字、图片及视音频信息，大大丰富了传播的形式和内容，提高了沟通效率。微信社交融 QQ 好友、手机通讯录及"附近的人"三种渠道为一体，使沟通不再局限于固定的社交群体，拓展了交友范围，实现了虚拟社交圈和现实社交圈的融合。建立在微信平台之上的社交营销，正是瞄准"熟人模式"，实现点对点、点对面的圈子营销，因此受到了无数商家的青睐
攻略式	通过生活经历、履历，把心得向特定群体进行分享	Pinterest（品趣思，美国的一个图片社交平台）是基于兴趣图谱展开的。在互联网读图时代，用户有看图片和收藏图片的需求，Pinterest 实现了用户上传、浏览、收藏、分享等一系列需求，图片这种直观信息的背后更与个人喜好相关，适合兴趣的发现和分享。 蘑菇街是基于消费体验而被聚集到一起的，它将自己定位为一家导购网站，其核心便是分享经济。蘑菇街的发展战略是要融合时尚社区和电子商务，做女性的时尚导购平台。把用户个人喜欢的分享到蘑菇街转化为公众资源，引导其他用户消费。"平台+媒体+营销"三合一的方式，同时也解决了蘑菇街自身的盈利难题

模式	简介	案例
资源式	通过技术、实物、服务等资源，向需求人群提供资源共享	Uber 是美国的打车软件鼻祖，除了提供专车叫车服务，其提倡的"共享经济"是差别化战略之一，利用现有的技术打造公益性拼车服务平台，在 Uber 平台上提出申请且符合资格审核的车主都可成为拼车合作司机。Uber 的模式即线上需求搭载线下服务，让闲置资源以执行任务的方式不断地流动起来，却甚至不需要有一台完全属于自己的 Uber 汽车
达人式	基于特定区域、特定兴趣向特定群体进行经历、经验和心得的分享，并把特定资源进行共享，即模式三和模式四的组合模式，简称达人社交混合式（或达人式）	上文中李立的"流浪者"宠物保姆信息平台就是一例。通过该软件平台，人们可以雇佣照顾或暂时收养自己爱宠的人，而这些人都是经过筛选的爱狗人士

● 分享经济下的商业模式创新要素

商业模式是企业与其利益相关者的交易结构，主要包括定位、业务系统、关键资源能力、盈利模式、现金流结构、企业价值六个要素。分享经济下商业模式创新在这六个要素上有不同的表现，如表 3-4 所示。

表 3-4 分享经济下的商业模式创新要素

要素	分析
定位创新	商业模式的定位是指满足用户需求的方式，这是商业模式的中心内容。分享经济下，企业通过信息技术建立共享平台，撮合供需双方完成对闲置资源的共享，这不同于普通的 B2C 企业，往往被动响应用户需求，也不同于普通的 C2B 企业，主动响应用户需求，而是通过建立供需双方之间的"连接"，通过大数据分析技术自动撮合双方，具有更多的灵活性，更能满足用户个性化的需求

要素	分析
业务系统创新	业务系统是指企业选择与之合作的利益相关者及其交易方式，主要由构型、角色和关系三部组成。从构型上来讲，分享经济主要是由供给方、共享平台、需求方三大利益相关者形成的网络结构，共享平台是一个撮合供需双方的媒介，供给方大都是拥有闲置资源的一方，较为分散，供需双方通过在共享平台注册为用户，就可以根据需要分享闲置资源。从交易角色上来讲，不同于传统企业垂直方向的供应链关系，分享经济中的供给方和共享平台之间是一种更加扁平的横向合作关系，即合伙、同盟关系。滴滴和车主之间就是这种关系，滴滴本身并没有乘车需求，需求来自乘客，因此，车主并不是滴滴垂直意义上的供应商
关键资源能力创新	关键资源能力是支撑交易结构背后的重要资源和能力。不同的商业模式要求不同的关键资源能力，关键资源能力往往决定了同类商业模式的业绩水平。分享经济是以新兴信息技术为支撑而发展的，平台是其唯一的运营环境，因此，信息技术就成为分享经济企业的关键资源能力之一。另外，分享经济企业的供需双方是具有影响力的合作者，供需双方的匹配以及对平台的黏性和忠诚度对分享经济运营的成败具有至关重要的影响，因此分享经济企业不仅要重视需求方，还要重视供给方，要同时提高双方对平台的黏性，将供需双方都要作为企业的关键资源能力的一部分
盈利模式创新	盈利模式是指企业收入的来源和收支方式。分享经济企业的收入一般来自平台供应方或者需求方，主要有比例抽成、沉淀资金投资、大数据分析等增值服务带来的收入，成本主要来自平台的运行和维护、信息技术的投入和研发等费用。在计价方式上，分享经济企业中以时间计价的占多数，比如滴滴就综合了距离和时间的因素
现金流结构创新	现金流结构是以利益相关者划分的企业现金流入、流出的结构及其形态。分享经济实行的是轻资产模式，企业能够以较少的投入获得持续、稳定的回报和增长，这也是分享经济企业深受风投公司青睐的一个重要因素
企业价值创新	企业价值是指企业的价值增长能力。分享经济属于轻资产模式，只是通过共享平台整合闲散的、过剩的各类资源，实现闲置资源使用权的转移。这种轻资产模式极大地减少了企业的运营成本，从而提高了企业利润空间，促成企业价值的持续增长

由表 3-4 可见，基于分享经济的商业模式具有诸多创新之处。分享经济商业模式要注重以需求为本，以技术驱动，运用协同创新思维来打造新的商

业模式，让分享经济企业获得良性发展。下面将深入讨论这个议题。

• 分享经济商业模式的关键

分享经济注重供应与需求信息的对称，追求成功匹配，其中包含了资源、平台、引爆点、共情、信任、高效匹配六个关键要素。运用协同创新思维来打造新的商业模式，必须统筹兼顾，全面把握这六大关键，如表 3-5 所示。

表 3-5 分享经济商业模式六大关键

关键所在	分享与指导
挖掘充裕而稀缺的资源	分享经济使用的是闲置或盈余的资源。因此要成功，第一步便要挖掘怎样的资源可以被利用。这需要从三个方面来看：一是充裕性。只有总体充裕的资源，其被闲置或能盈余的概率才会高，才能够进行分享。二是稀缺性。该资源绝对充裕，但相对稀缺，即存在流动性稀缺与信息不对称稀缺的情况。三是标准化。以能找到充裕而又相对稀缺的资源作为切入点，可以启动一个项目；但如果要将项目做大，对资源还有一个要求，那就是标准化程度足够高，或者能将标准化程度做高，因为我们知道，能快速扩张的一个前提是在不考虑进入新的市场前提下，流程可以标准化，这样才能迅速复制业务模式，进行快速扩张
激发平台的网络效应	互联网模式下的平台创新从 eBay（易趣，美国的 C2C 网络交易平台）网站开始，通过 eBay 网站让买卖双方直接在网上进行交易，连接了以往缺乏完善渠道的两个用户群体。而到了分享经济时代，平台模式更是迎来了前所未有的契机，将连接供应与需求的商机无穷放大，一边是海量闲置或盈余的资源，另一边是海量需要使用这些资源的人们，供和需在平台上无尽循环，释放出惊人的能量。首先，成功的分享经济平台，应该能激发正向的同边网络效应，就像在 Facebook 上，当人们看到越来越多朋友在上面分享人生的日常百态与快乐点滴，会吸引自己也加入；同时也能激发正向的异边网络效应，就像在 Facebook 上加入的个人用户越多，也就会吸引越多的第三方应用程序（另一边用户）入驻。其次，在构建平台模式的时候，还有一个非常重要的问题需要思考，那就是先吸引供应边的用户群体，还是先吸引需求边的用户群体，或是同时吸引两边用户一起入驻，这也就是"先有鸡还是先有蛋"的问题。在平台模式的历史上，尤其在分享经济平台的发展过程中，一般有多种策略可以采用，如补贴策略、用户顺序策略、双边同步与转换策略等

续表

关键所在	分享与指导
突破引爆点的用户	当平台建立之后，便需要持续地吸引用户，促进用户规模的增长。只有当用户达到一定的规模的时候，才能达到引爆点。这时候，大大降低了平台自身发展的不确定性，用户从其他地方转移过来的成本也大大降低，而同时，参与用户开始超越新用户想加入的最低意愿阈值。那么，究竟该如何获取用户，从而达到引爆点的规模呢？用户群被引爆后，又该如何绑定用户，防止他们的流失呢？在供应侧，首先可以采取传统的地推方式，积累第一批种子用户，并逐步扩大；其次是使用高科技的手段，充分利用既有平台的资源。在需求侧，除了大家耳熟能详的口碑营销，消费者互相推荐之外，还可以利用免费、激发好奇、沉浸体验、场景加速器等策略。当用户规模发展起来后，主要的挑战就转变为如何绑定用户。因此需要提高用户的转换成本，尽量封闭用户流失出口，构建良好的品牌和用户体验以及建立用户的归属感
建设共情的社群	用户归属感的建立，最有效的方式便是围绕平台建立社群，在用户间产生互相依存的力量，并让用户感觉到自己能在这个群体中发挥影响力。建设社群，首先就要基于共同的志趣和价值观，构成核心用户群体，这些人具有极强的归属感，是社群的中坚力量；他们构建了一种亚文化，价值观非常明确，态度非常一致，社群规则能被友好地贯彻，他们不容易流失，还能帮助企业去获取更多的新用户。共享用车企业 Lyft 的经验就很值得大家一读。其次，不但在线上要做好，也要做到线上与线下的结合，社群也需要线上与线下的互动、线上与线下的结合。因为这样，才能更好地增进用户与用户之间、用户与企业之间的接触与交流。手工艺者共享商业平台 Etsy 在这方面就进行了大量有益的尝试。最后，社群也需要良好的管理与运营，使社群的发展更好地与企业的整体发展相一致。缺乏管理的只能称为"群众"，而有管理与运营的才能称为社群
维护基于信任的秩序	如何构建分享经济世界中的信任感，是其成功商业化需要解决的可行性基础问题。在国外，成熟的个人信用体系是确保安全的基础，如美国的 FICO。除此之外，个人在社交平台的信息和数据，也是一个很好的参考依据。另外，分享经济企业通过在运营流程上的环节来把控，包括事前进行把关，事中引入处理问题与争议的机制及全程全范围的监控与分析，事后需要双方进行评价并有处理机制等。此外，还要在支付、保险等关键环节建立配套措施

续表

关键所在	分享与指导
满足供需的高效匹配	分享经济的资源所有权在底层，资源使用权在表层，在商品上私有，但在服务上变为公有。这样的话，就造成了供应和需求的信息不对称。分享经济可以极大程度地扩展供应的网络，理论上可以盘活几乎所有闲置的资源，给需求者选择，这就是经济学上所谓的"稠密市场"。但同时，稠密市场也带来了一个很大的问题，即市场拥塞。此外，在交通出行、物流递送等领域，供应者和/或需求者还都处于一个移动的状态，甚至在某些小范围内需严重大于供。如何去定位需求，如何确保能最快地提供供应，这也给供需关系的配对造成了很大的挑战。因此，为了更高效地进行供需匹配，需要建立筛选与过滤机制，削减流程中的降速环节，同时，尽可能地提供推荐选择。特别是在动态供需环境中，还需要增加供需关系透明度，刺激高峰时刻的供应，以及充分应用价格杠杆。而在这方面，Uber 的一键叫车、溢价算法以及动态定价机制堪称业内翘楚

分享经济虽然已经有了自己的典型模式，但创新无止境，分享经济企业的商业模式更需要不断创新。由于目前新技术的市场化、商业环境的压力，以及"资源闲置+轻资产杠杆效应"带来的市场机会，这些都是分享经济企业商业模式创新强有力的动力。运用协同创新思维打造分享经济商业模式，就是要充分挖掘供给需求，实现资源的高效匹配。

创新意识培养法与提升效率的实用工具

分享经济，是一个分享与创新的过程，实现了所有权与使用权的分离。分享经济涉及很多新业态、新模式，对原有的管理制度形成了挑战，更对原有利益格局造成了冲击，所以为了提高分享效率，不仅要培养创新意识，还要运用各类实用工具将创新落到实处。

● 创新意识培养法：从积累知识到创造新价值

随着分享经济的发展，现在创新这个话题越来越火，也有越来越多的人开始关注创新意识。但到底如何培养创新意识是困扰很多人的问题。

培养创新意识，重在善于发现新机会。这首先需要知识积累，只有积累知识，才能懂得如何发现机会。发现机会不是目的，接着还需要拿出方案、整合资源和推进项目，这同样是培养创新意识必不可少的步骤。

知识积累在分享经济中具有重要意义。分享经济的商业本质没变，只是服务形式的变化，而服务形式的变化依赖于连接和知识。

在行业内摸爬滚打多年，青桐资本做的事情就是分享：一方面，通过连接把最合适的创业项目分享匹配给海量的投资人；另一方面，进行知识管理，把金融、经济知识信息更好地管理分享使用起来。

青桐资本认为，中国投资人的基数每时每刻都在发生变化，国内整个基金供给也发生了巨大变化。越来越多的传统行业，包括上市公司甚至高净值人群都进入股权市场。过去，在中国融资，找50家机构足够，现在完全变了样，交易成本大大提高。其实，无论是连接，还是知识管理，都是轻的东西，而青桐资本则具备很强的改造属性。

关于知识积累，我们必须有一个基本的认知：如果只了解领域内的机会是不够的，事实上，宽广的知识面和深度的理解是一切创新的基础。因此，分享经济的知识积累，必须从广度和深度两个方面下功夫，如表3-6所示。

表3-6　知识积累的广度和深度

事项	含义
广度	知识面当然是越广越好，但困难在于人的时间总是有限的，应该优先选择通识类的，如经济、心理、历史、社会等，再根据兴趣选择其他方面的学习。在这方面，网络信息的碎片化和浅薄化特征对知识体系的建构是弊大于利的，因此最好还是选取经典的普及性读物、教材来看
深度	知识不应该是零散的，所有的知识应该存在于你的知识体系中，并和其他知识产生关联。只有这样，你才会对知识有更深刻的理解和洞察，知识才能真正为你所用。比较可行的办法是写作（笔记）和分享讨论

发现机会就是挖掘供需双方的痛点，生活的世界并不完美，随着科学的进步和经济社会的发展，新问题和新需求不断产生，如交通拥堵、春运买票、食品安全、健身、旅游等，而这些问题（痛点）和需求里就掩藏着众多的机会，只要找到比当前更优的解决方案，就能抓住更多的好机会。

共享单车其实就是出租单车，其发展势头强劲是因为它发现了人们日常生活中自行车存放不方便、需要防盗等商机并解决了这个"痛点"，骑共享单车就不用去担心以上问题。所以，共享单车虽然也是出租的形式，但减少了社会成本、方便了人们出行，是对出租形式的改进和提升。

拿出方案是发现问题（痛点）后解决问题（痛点）的第一步。事实上，科学进步和经济社会发展同时又孕育了新的解决方案。

就Uber而言，肯定早有人于它之前就发现了当时的公交和出租车行业并不能很好地满足用户出行的需求这个问题（痛点），但在智能手机普及以前，却很难有更好的解决方案，Uber的出现正当其时，它很好地解决了这个问题。

拿出方案关键还要考虑到可行性。比如说共享汽车，汽车毕竟是一个大件，而且受限购的影响，并不是每个人都能购买，因此共享汽车可以有其服务的市场。相比之下，有些共享项目的价值比较低，不能成为广泛的需求，如共享篮球，首先篮球的价值就不高，因为打篮球不是社会大多数人的需要，而搭建共享篮球的平台，成本却比较高，盈利变得比较困难。同样的比如共享雨伞，地铁口 10 元一把就可以买回家，其使用的范围比较大，大家都需要使用，所以共享价值比较高，成为共享的可能性也就比较大。因此，拿出方案要考察市场，既要看到需求，更要充分考虑到实施的可能。

制定好方案后，就要通过资源整合来实现它。所谓分享经济，就是将零散的社会资源通过互联网集中在一起，盘活存量资源，提高利用率，打破时间和空间的约束，让供求双方拥有自主选择的权利，降低交易成本，提高交易质量。

还以 Uber 为例。Uber 将线下闲置车辆资源聚合到平台上，通过 LBS 定位技术、算法，将平台上需要用车的乘客和距离最近的司机进行匹配，实现了线下车辆资源的整合。除了为全球除提供用车服务外，Uber 还将线下其他有需求的零散资源进行了整合。2015 年 3 月，Uber 在杭州推出了"一键叫船"服务，通过 Uber 的用户端，用户就能预约到西湖的摇橹船。

整合资源需要从三个方面着手：一是建队伍。雷军做小米的时候也要先找人，找懂设计、生产手机的专家，这是建队伍。二是找投资。我们不是雷军，所以还要找投资，在团队能够养活自己之前不至于饿死，这是找投资。三是找硬件载体。分享经济也会涉及硬件载体，比如一些关键元器件，这就需要找到相应的供应商或制造商并达成合作，找到硬件就可以做文案和路演等。

项目推进涉及很多问题，如效率、增长、进度，以及团队、市场、运营、信息安全等。项目推进其实是一个"项目管理"问题，下面不妨简单谈一下。

项目的推进过程是多人进行交接任务的过程，参与者都要做好三件事：接受任务、完成任务、交接给下一个。其中，交接给下一个是项目往前进的最重要环节。如果任务不明确、分工不明确，或其他各类原因导致交接任务一直停在某个人手中，无法交接到下个环节，怎么办？项目管理者要立刻清理障碍点，重新传出去。

障碍是确实存在的，不将其解决掉，就不能真正让项目继续前进，强推只能让结果失控。需要注意的是，重新传出去时，也许就不再使用原来的传递路径了；同样，项目推进最好采取小步快跑的方式，不断打磨产品。

很多人希望培养自己的创新意识，以提高自己的创新力和执行力。从上面的分析可以看到，知识积累、发现机会、拿出方案、整合资源、推进项目，就是培养创新意识的全流程。对于一个人来说，这些步骤一个都不能少，完整的培养过程，才可以产生新思想，发现新事物，最后创造新价值。

● 提升效率的实用工具：新型工具平台

如今，分享经济发展得越来越炙手可热，各种工具平台也纷纷兴起，如用车需求与闲散社会车辆对接、知识型人才与专业需求牵手、订餐平台实现家厨共享等，分享经济通过工具平台以"接地气"的方式融入了平常老百姓的衣、食、住、用、行。

传统的工具型软件主要包括导航、查询、翻译、输入法、安全、影音、学习等类型。传统工具类型的产品，早期采用的都是免费便利模式，相对容易推广。

在这里，之所以要强调新型工具平台，就是因为传统的工具型软件是用产品机器数据去为用户提供帮助，用户只是一个工具或平台机械状态的一部分，并不是真正的"人"，而是平台中的微小组成颗粒。无数个同类型颗粒的运转，汇集成一个巨大的流量，平台会将这股流量引导去做点击广告、APP下载、游戏推广等。在整个过程中，与个体的人性没有太大关系，这就是问题所在。

克莱·舍基被誉为美国互联网最伟大思考者，在其著作《认知盈余：自由时间的力量》中，多次提到了工业时代的用户关系与互联网时代的用户关系的区别：干巴巴和湿乎乎的关系。工业化时期，工具产品没有感情，在平台上用户只是一个无机组成部分，之间没有太多的交集或互动，更多是个体与平台的对接。而互联网时代，看重的是人性的解放和尊重，在新型工具平台上，用户之间是共同联结的关系，不是一个个单独的个体，是有互动和融合的共同体。来看下面几个例子：

案例1：Skillshare

Skillshare是美国一个基于项目学习的在线教育平台。公司的理念是：每个人都能将自己的知识技能传授给别人。其目标是将各城市都变成大学，将每个人都变成老师和学生。Skillshare是一款市场看好、热度很高的产品，目前已经成功融资1000多万美元。Skillshare上的课程目前一共分为五个大类：

创造艺术、烹饪工艺、创业之道、生活方式和科学技术。在每个大类下，学生还可以选择特定主题，如编程、市场开发、鸡尾酒调制、品牌运营和个人理财等。只要是自己感兴趣的科目，用户都可以学习，也可以教授自己擅长的项目。只要用户有兴趣，或拥有擅长的技能，如绘画素描，做手工活，就能发起一个课堂。其他感兴趣的用户，可以通过平台参加。在各课程页面，用户可以通过"信任和信誉"栏对各位老师进行评估。

案例2：Flitto

Flitto（翻易通）是一款由韩国公司研发的创新众包翻译平台，用户可以在平台上发布与翻译有关的问题，并设立一定的激励标准。一旦回答者的翻译成果被采用，就会获得相应的奖励。平台将世界各地的数百万用户和翻译人员汇集到一起，充分利用分享经济中的众包模式，将用户的翻译需求推送给不同的翻译人员。同时，还通过"一对一翻译"功能，满足了如学术论文或专利等更专业的翻译需求，翻译者还能获得更加可观的回报。其在盈利模式上，主要分为两种：B2B 和 B2C。所谓 B2B，就是通过帮助企业用户来定制翻译获得收益，同时将平台上翻译问答生成的自然语义数据库出售给传统的翻译平台，如谷歌和微软翻译。

案例3：分享通

道云分享系统——"分享通"，是一款全新的分享工具，主要为消费者、商家、企业搭建起一个消费分享共同体。在这里，消费者可以获得消费分享，商家还能得到全网连接的消费资源，实现分享共存、利益共生。有别于传统的分享性工具平台，"分享通"重视人与人之间的交流互动，各用户都是相互联结的，可以将社会关系中的人情味带进工具平台，将人脉资源转化成家庭收入，只要有资源，就能在这个平台得到相应的物质回报。

毫无疑问，随着技术的发展与用户的更加个性化，分享经济下的工具平台会发展得更加快速。也许下一个独角兽，就在其中诞生。

第四章

学会分享：如何与用户、合作者、竞争者、员工分享

"分享"与"共享"在中文词汇里是有区别的，分享是主体带有一定的支配或主动地位，共享却是群体在共享权益，这应是分享的最终目标。现在，分享已经演变成了一种经济形态，而且在如今的移动互联网时代，这种分享得到了进一步的延伸，从身边人扩展到了任何人，形成了多人共享规模，而分享经济更是被视作下一个十年的商业模式。分享就是要割肉，要舍得与用户分享、与合作者分享、与竞争者分享、与员工分享。所谓"能舍才能得"，只有善于与人分享，分享经济才能产生"共享"的规模效应，不仅让参与者受益，也能带动社会经济的发展。

与用户分享，通过社会化网络建立关系

分享是社会化网络的核心关键词，信任保障则是分享经济的精神内核。

在现实生活中，让消费者正面分享并不容易，不管是软性推广，还是现身说法，都很容易被理解成广告，受到人们的排斥。其原因就在于，可信度存疑，此信息与自己无关；根本原因则是，广告传递者并不是立刻值得信任的人。社会化网络改变了这一点。社会化网络用户在传播信息的时候，信息的真实性是由独立的个体来承担和夯实的。先来看下面这个案例：

Airbnb 是一家联系旅游者和家有空房出租的房主的服务型网站，在发展初期，网站就敏感地意识到：企业需要创造鼓励信任关系的产品。于是，网站便开始解决一系列复杂问题。

首先，网站使用实名制，在 Airbnb 的社区里为房客和房东提供了身份标识。使用者可以上传自己的照片，撰写个人介绍，链接自己的社交媒体账号；还可以分享自己的旅行经验。随着时间的推移，Airbnb 越来越重视身份资料页面，要求使用者必须提供个人照片，以此来跟其他用户建立信任。

其次，建立一套防卫机制。为了解决支付问题，Airbnb 建设了一套客服系统，覆盖到每个时区，提供多种语言，7×24 小时不间断运行。此外，Airbnb 还收集了一些原始材料，并将其展示在平台上。

Airbnb 最重要的一个数据产品，被称为信誉系统。该系统既帮房东和房客获得了正面体验，还帮人们克服了性格问题和偏见。对于 Airbnb 社区来说，信誉系统是一项非常宝贵的工具，使用频率非常高。

Airbnb 建立了信任基础，其强大的社区影响力开始显现，来自不同文化的人们联系变得更加紧密。例如在除夕夜，来自全球的超过百万房客在分布于 150 多个国家的私人旅舍中与房东共度新年，他们没有去和其他房客挤在酒店，而是和当地人待在一起，增加了跨文化交流的机会进而消除偏见、增进理解。随着社区的信任氛围愈加浓厚，信任的力量也变得更为持久。

Airbnb 于 2015 年 8 月进入中国后，同样注重信用理念和一些做法。不过，Airbnb 在中国甚至整个亚太地区，一直维持保守、温和的市场策略。Airbnb 内部的观点是，中国市场还是早期，因此不会在中国烧钱扩张。可见，发展节奏是 Airbnb 自己掌握的。

抛开 Airbnb 的技术手段不谈，单单就 Airbnb 建立信任的理念而言，对所有参与分享经济的人来说都有借鉴意义。接下来，我们将从分享经济这种新经济形态对人际关系的影响入手，进而探讨社会化网络传播的特性和建立新型人际关系的方式。

• 分享经济对人际关系的重构：缓解人际疏离、重建社会信任

分享经济不仅连接着供给和需求，还重视人与人之间的沟通，是一种不错的社会交往方式。与传统的标准化的商品和服务相比，分享经济创造的陌生人之间的交往能够有效缓解现代社会人际关系的疏离状态，重新建立起社会信任。

（1）分享经济可以缓解刻板印象与社会"标签化"。

刻板印象主要是指，人们对某个事物或物体形成的固定看法，并把这种

看法推而广之，认为该事物或整体都具有该特征而忽视个体差异。这种看法是固定的、武断的，会形成一种"群体标签"，从而形成一种社会标签化现象。简单来说，就是指人们对某类群体的固有看法，例如，很多人都觉得"富二代"挥霍无度，觉得法官不苟言笑，就是他们对这两类人群形成的群体反映。

从一定程度上来说，社会"标签化"现象与刻板印象代表了社会偏见，其存在的主要原因是传统社会阶层固化、缺乏社会交流。分享经济就创造了一种陌生群体之间直接接触的渠道，提供了阶层垂直交流的可能性，可以有效缓解这一现象。

从横向看，不同文化主体之间的交流，有助于文化传播与创新。比如，由于缺乏了解，导致国外对中国人的评价经常贬大于褒，可是某分享平台的数据显示，出境游的中国客人受到的好评全世界最多。分享经济之所以能够打开交流之门，主要就在于，分享平台企业能够迅速扩大规模，形成全球市场，为大范围的交流提供了可能。

从纵向看，传统社会阶层的固化让垂直交流变得异常困难，而分享经济中的"身份模糊"让不同阶层的群体有了更多的接触机会，有利于打破阶层标签、缩小认同差异，比如开专车的过程可以体会到司机的辛苦，给陌生人做饭能感受到服务人员的细致。当然，分享经济并不能完全解决长期形成的社会阶层固化、垂直流动困难等问题，却促进了更大范围的交流，促进了知识、经验等在不同阶层群体间的流动。

（2）分享经济增进社会信任。

在分享经济中，参与者互动的强度与亲密度远远超越了以往陌生人之间的联系，而这种新的联系更有助于推动社会信任。美国哲学家普特南所认为，互惠规范和公民参与网络能产生社会信任。从更现实的层面说，通过机器算法，平台能够为用户承担风险；在实名认证、背景核实、评价机制等方面的努力，是保证信任最有效的途径，如专车平台对所有接入平台的司机都要进行严格的资料审查。

未来，各分享平台的信用体系必然会实现共享互通。诚信记录的透明化，不仅会赋予每个个体自我监管和相互监督的能力，也会成为社会信任体系不断完善的重要保障。

在分享经济模式下，人与人的沟通、连接奠定了整个交易流程。分享经济通过陌生个体之间的服务和商品交换来推动诚信体系建设，线上交流和线下对接的结合也让参与者切身感受到了陌生人之间社会距离的缩短和社会信任的上升，"诚信社会"这一理念将伴随着分享经济的繁荣越来越落到实处。

● 社会化网络传播的特性：内容、人、关系都是真的

一方面，在社会化网络传播的过程中，个人转发一条信息，其实就是以个人的信誉为信息的真实性、准确性加注，其他用户转发的那一刻就已经表明了自己的立场。如此，一则以个人信誉为保障的带有很强主观色彩的信息就会被推送给网络。但千万个体通过支付自己信誉来支持一条信息时，该信息的真实性和准确性就会被快速强化，远比记者、媒体依靠自身信誉所发的报道更有力。

另一方面，在社会化网络中用户分享的是与自己相关的内容，这些分享的内涵其实就是"真实"，如用文字记录自己的生活、体验和想法，用图片

记录自己的生活，用视频展示自己的真实形象等。在文字、图片和视频等的支撑下，社会化网络就会传播出一个真实的世界，背后也是真实的人，这就是社会化网络的关键——内容是真的，人是真的，关系是真的！同时，用户在社会化媒体中获取关系、声誉和权益。随着交互时间的增加，收益也会不断累积、递增。反过来，这些逐渐递增的权益也会对用户造成制约，让用户用更加规范、真实的信息为自己加注，减少一些随性和随心的行动。

● 通过社会化网络建立关系：结成同伴，平等协调

通过社会化网络，信息传播者与用户之间更容易建立关系：通过社会化网络，信息传播者能够迈进用户的朋友界别，结成同伴，建立一种同伴关系。同伴，就是一起交互、彼此信任的一群人。信息传播者可以利用完整的基于社会化网络的用户系统、关系系统、消息系统等，来建立这种关系。

当然，这种关系既不是分析出来的，也不是信息推送出来的，而是协调出来的。在建立这种关系的路上，信息传播者需要与用户进行平等对话，需要尊重个体感觉和情感方面的差异，推动信息传播者主动拥抱并促成用户改变。社会化网络给信息传播者提供了一个便捷的监控工具，能够实时了解网络中发生的与企业或产品相关的需求和信息，主动和用户建立起一种关联，并为其提供帮助。

"关系用户"是信任型用户。以这部分"关系用户"为主要对象开展促销活动，极力改进服务，使他们进一步成为稳定的用户。有了用户的信任，也就有了与个人息息相关的分享意愿、分享行为，以及信息传播者的针对性服务。分享经济在这种社会化网络上，不仅降低了用户的分享门槛，更提高

了用户分享的有效性，当然也多了许多义务的分享代言人。

分享经济遇到互联网，是一场商业模式的革命，不仅使分享有了落到实处的载体，更赋予了人际关系以新的内涵，重构了人与人之间的信任关系。分享经济通过社会化网络建立的信任机制，又反过来重塑了社会信任，这是具有伟大意义的事情，信任是将现实经济激活的点火器！

与合作者分享，良好的合作是关键

与合作者分享其实早就蕴含在行业各种发展概念里，一度流行的生态圈和产业链概念，其核心是合作。在分享经济中更是如此，没有利益的分享，就不会有坚实的合作。现实中，有的运营平台对分享缺乏足够的认识，始终把自己放在一个强势的地位，这正是造成行业发展中一些悲剧的根源。

有一家专业提供现代网络服务的综合性机构上线不到一年就走向沉寂，其没落固然与自身乱收费有关。该网站当初接入的运营企业过于强势，不愿意将更多的利益分享给合作伙伴，甚至把发展得比较好合作方当作竞争对手，或是设置阻碍，或是进行收购，而收购后又因体制的原因无法发展。苹果和3G、4G突起，互联网与智能终端全面融合，而这家网站不去优化生态环境，反而对合作方处处设防并让合作方利益受损，走向沉寂没落成为必然。

● 合作与分享

合作与分享两者互为前提和基础。不懂得与他人合作，就不能与他人分享,不懂得与他人分享,就不能与他人合作。只有在合作中人人分享,在分享中人人合作,才能成就分享经济。合作与分享是分享经济不可或缺的两个至关重要的方面,它们两者意味着对机会的可持续的选择。

在生存竞争中,仅凭出众的预见能力,并不能让你持续成功,必须在预见的基础上,构建出持续发展新事业的能力,并使之进入市场成功地行动。尤其是在互联网时代,商业机会更会如雨后春笋般产生。

财富移动和积聚的速度前所未有,新的创富者和创业者层出不穷,创业和创新更会像大潮般蓬勃。但是,能够在大潮中真正成为弄潮者的还是少之又少,为什么?主要就在于,创富者和创业者的创意不够,虽然能够发现市场机会和用户价值,能够获得资金的支持,拥有毅力,敢于吃苦,但他们选择的不是持续性,不是合作与分享,而是机会。

毫无疑问,机会不会让你持续成功,因为机会稍纵即逝,唯有合作成长并让相关成员实现共享价值,成功才可持续。

● 利益分配机制分析

利益分配机制就是共赢。所谓共赢,是指交易双方或双方在共事过程中实现的共同收益。分享经济中的利益分配机制是在合作过程中形成的制胜模式,这首先需要企业家具有一定的胸怀、格局、眼光和境界,更重要的是要对利益分配进行合理的设计和规划。

王健林、马化腾、李彦宏三大巨富之所以会进行合作,并不是因为他们缺钱、缺人,而是为了整合更多的资源,打造更大的平台,为用户提供更好的服务。于是,三人共同出资成立了万达电子商务公司,主要为用户提供服务。

他们的胸怀、格局、眼光和境界，给中国的中小企业上了一堂很好的合作共赢课。中国中小企业为何多数做不大？根源就是缺少这种合作共赢的精神。

合作需要相互信任，可是当今社会最稀缺的就是信任，因此很多人都不愿意跟别人合作。可是，越不跟别人合作，一个人的力量就越渺小。连中国首富都合作了，小企业单枪匹马又能拼得过谁？为什么有的中小企业稍微做大些就要分家？因为每个人都高估了自己的能力，低估了对方的价值，谁也不愿意妥协。

当今时代，崇尚的是合作共赢、资源共享、优势互补。能够与多少人合作，就能成就多大的事业；能与多少企业合作，就能成就多大的平台。

合作，需要胸怀、需要格局，更需要有付出，如果大家都不愿把自己的优势发挥出来，担心被别人利用，本来有价值的东西也会变得毫无价值。要想成功，就不要害怕被别人利用，何况在你没有成功之前，又有多少东西能被别人利用？

别人找你合作，你被人利用，至少证明你还有被利用的价值。如果有一天，人家都不愿意找你，你就真的没有价值了。只有合作，你的价值才能最大化；只有合作，你的价值才能保持长久。

一滴水，只有放在大海，才不会干枯；一个人，只有加入团队，才不会失败。所以，成功者与失败者最大的区别就是，成功者每天想着与人合作，失败每天想着给人拆台。结果，帮助别人的人，越来越成功；打击别人的人，则越来越失败。

关于企业对待合作的态度，我们也可以从"赢"字的构成来解构一下。"赢"字由"亡""口""月""贝""凡"五个汉字构成，这五个汉字，实际上包含了合作中赢家所需具备的五种态度，如表4-1所示。

表4-1 "赢"字所包含的合作中赢家的五种态度

事项	含义
"亡"	"亡"代表要有危机意识，要随时了解我们所处环境的变化；过去成功的经验往往是未来失败最大的主因，安逸的日子过久了，我们会越来越丧失斗志；有一个敌人或竞争者的好处是，它至少不会让你懈怠。此外，"亡"也可以表示"无"的意思，要学习让自己归零，对很多人、事、物不要有主观的成见，要多方了解彼此的需求。"亡"也可以很单纯地理解为死亡或结束之意。虽是结束，但生命的周期是无限开展的，它更象征了机会与无限的生命力
"口"	"口"代表沟通，要把你的想法告诉他人，在不同的场合中宣示要达成的目标与决心。成功的沟通是双向的，除了有良好的言语表达能力之外，也要有倾听的能力。听得清楚，有助于了解彼此的需求，更有助于自己陈述论点
"月"	这里的"月"指的是时间。任何赢都需要时间的积累，需要在岁月上下功夫；泡沫式的英雄作风最后总如昙花一现般消失得无影无踪。"月"也代表亲身的实践，代表你无法只用命令方式，让别人来助你成功；而是要以身作则，以德服人，那时就会像众星拱月一般，闪烁着灿烂的光芒
"贝"	中国最早以贝为交易的货币，因此贝可以简单地说是钱。然而有钱未必一定会赢。有的人虽然没有钱，但是他有技术，有知识产权、商标专利、丰沛的人际关系、跨国性公司的经营管理经验……这些都是无形的资产。因此，"贝"就广义而言应该是筹码，是可以为自己加分的要素，它可能就是一个人的独特性。而如何增加自己的筹码呢？在知识经济时代，随时增加自己的知识，保持学习的态度，就是最好的增加筹码的方法
"凡"	顾名思义，"凡"指的是平常心。我们努力去争取胜利，但是最后的成绩，往往不尽如人意。古语说："塞翁失马，焉知非福。"在每一个失败中都含着成功的因子，我们要相信，从失败中学到的东西，要比从成功中学到的东西多得多

从上述王健林、马化腾、李彦宏三大巨富的合作及"赢"所包含的合作中赢家的态度可以看出，企业无论大小，都有其优势互补的地方。所以，在合作过程中，算大账、不算小账，看长远、不计眼前，是长久合作最聪明的方法。

将长期合作共赢的方法落到实处，关键是要坚守以下十大合作原则，如表4-2所示。

表4-2　合作需要遵循的十大原则

事项	含义
诚信原则	合伙赚钱，诚意当先，以诚相待。不要去管你的伙伴怎么对你，要自己先做好自己
目标原则	求大同，存小异！小事随它去，大事不糊涂，看准共同的目标价值，把握大局观
信任原则	合伙人最忌讳相互猜疑，要相信，不管任何时候，只有你的伙伴能把利益的天平放在你一边
宽容原则	彼此之间的宽容理解才能使合伙走得更长
吃亏原则	自己多吃点小亏，让对方多占便宜。要知道，没有绝对的公平合理。只有多为你的伙伴做奉献
交往原则	己所不欲，勿施于人。把合伙人一直当真心朋友相处，不要把金钱当作合作关系的纽带
公平原则	亲兄弟要明算账，不要你好我好大家好，最后都是一些无原则纠纷
谦虚原则	多看别人优点，少看别人缺点；相互学习，共同提高
沟通原则	不打"肚皮官司"，有什么想法不要让其过夜，多沟通
坚持原则	敢于坚持原则，用生命去捍卫共同制定的规则，并为你的合作伙伴鞠躬尽瘁

如果说合作是达成梦想的必经之路，那么合理设计和规划利益分配则是

实现这个目标的保障。利益捆绑才能共赢，因为合作的本质就是分配，只有分配合理了，才能健康地合作、长久地合作。先来看一个例子：

宗毅是芬尼克兹创始人，在代表作《裂变式创业》一书中，他向人们展示了自己创造的裂变式创业的新模式。宗毅的裂变式创业新模式可以总结为四点：①母公司创始人控股新公司，要在收益权上充分激励创业团队；②创业团队成员必须掏钱参股，以身家性命赌未来；③用钱投票，但杜绝人情关系，要选出最好的创业项目和团队；④人人平等，每位员工都能报名参加创业大赛。

这套完整的裂变式创业体系，充分发挥了个人的积极能动性，即使宗毅是领导者，也不会每天都待在公司疲于应付各种琐事，他能做更多的事情。

事实说明，要激励员工，老板就必须懂得分钱，懂得如何分钱更加合理、如何分钱使公司与员工达到"双赢"。为此，利益分配机制设计的第一步是要厘清企业应该分给谁钱，然后明确分钱的依据、标准是什么；第二步是要明确采用什么激励模式，对不同岗位、层次、需求的员工要采取对应的薪酬方案，不能搞"一刀切"，更要避免固定薪酬模式；第三步是要想办法规划分配次序，分配越直接就越有效，分配次数越多，关注的点与面就越丰富；第四步是做好分配预算，分割好各自的利益蛋糕。

从众多成功者的实践经验来看，企业应该给以下七类人分钱：一是直接创造产值、利润的人；二是直接创造价值的人；三是间接创造产值、价值的人；四是当下创造产值、价值的人；五是未来创造产值、价值的人；六是独立创造产值、价值的人；七是共同创造产值、价值的人。这七类人必须得到"分钱"这个实际利益。

任何企业都存在三种人：第一种人，只做事，不管结果，有想法，没目标，知道个人职责，不清晰价值，工作没有计划，是企业的人力成本；第二种人，认真履行职责，有目标，有计划，重结果，讲价值，是企业的人力资源；第三种人，不仅能超出定位价值，还能创造剩余价值，向复合型发展，是企业的人力资本。对这三种人，具体的利益分配方式并不重要，重要的是，通过利益分配激励第一种、第二种人变成第三种人。完全可以采取多元化的利益分配方式，同时注重直接性，这也是利益分配的两大原则。

所谓多元化，就是给员工创造更多获得收入的机会；所谓直接性，就是对员工有价值的表现直接进行定价与利益分配。

利益分配的多元化和直接性，可以体现在利益的多次分配过程中：比如，第一次分配，根据产值创造结果直接分配到个人；第二次分配，以业绩为导向，将产值、业绩预算分配到经营单位或职能部门；第三次分配，从经营单位或职能部门分配到个人；第四次分配，根据各种标准，对部门或岗位进行奖励；第五次分配，以毛利、利润为基础进行奖励性分配；第六次分配，以利润为导向进行投资性分配；第七次分配，对未来价值、长期薪酬进行设计分配。

其中，第一次分配和第七次分配很特别，操作层的员工更关注前端的分配，而高层管理者更关注后端的分配。第一次分配体现了直接性，第七次分配则体现了事业分享、合作共赢。当然，第七次分配之后还有可能进行第八次分配、第九次分配，每一次分配都趋向于价值共享，实现更深层意义的共赢。

与竞争者分享，分享加合作才能"得道多助"

在竞争与合作共存的今天，不仅要与合作者分享，更要与竞争者分享。如此，昔日的合作者可以变成竞争者，竞争者也能变成合作者。

● 不要把竞争对手看作敌人

一个明智的创业者，绝不会把竞争对手当作敌人。你最后的敌人只有你自己，诸如模糊的战略、糟糕的产品与设计、低下的执行力以及无知等。事实上，从来没有哪个产品能够孤零零地占据所有市场份额，竞争对手的存在就是为了证明这个市场的存在。

WeWork 是一个众创空间，总部位于美国纽约，主要做的是联合办公租赁。WeWork 进入中国后，先落户上海，然后向北京发展。2015 年"大众创业、万众创新"成为国策，创业带来的空间红利被迅速激发，而提供办公场地相关的创业也显得格外火爆。

在中国本土，WeWork 的竞争对手也有很多，如优客工场、那什空间、氪空间、联合创业办公社、科技寺、无界空间、梦想加、SOHO3Q 等；而且，在 WeWork 拓展中国市场后，国内联合办公项目还完成了一系列的"合纵连横"，通过相互结盟或相互参股等方式，提升了自己应对全球劲敌的能力。

自从公司决定进入中国市场，WeWork 联合创始人米格尔·麦凯维就开始往返于纽约与上海、北京之间。他说，WeWork 的核心竞争力是独特的服务，其在全球的商业模式都是通过会员服务费来盈利。

为了适配中国会员需求，WeWork 设置了一系列中国会员福利，包括为会员提供五折的健康医疗保险、吃喝娱乐休闲等消费折扣等。WeWork 还用自己擅长的设计来拉近与中国会员的距离。WeWork 在上海的第一家店借鉴上海的弄堂文化，使用了大白兔奶糖这个典型上海元素作为设计主题。而在北京光华路的 WeWork 空间，则用到了中式园林景观的设计。

有人常说，"商场如战场"，市场竞争虽然在所难免，但同行竞争不一定就是冤家。同行之间，可以在竞争中取长补短、共同进步，也可以在竞争中强强联手、合作共赢。

• 与竞争对手分享的策略和技巧

与竞争对手分享的过程，某种意义上也是合作的过程。因为合作绝不仅仅是签订合作协议、成立联合公司等，合作很多时候就体现在分享过程中。

试想这样一幕场景：你在竞争对手林立的街区开了一家咖啡店，烘焙咖啡豆并卖咖啡。一天，你的烘焙机坏了，于是给同一街区的咖啡店打电话，询问能否租赁一台烘焙机。对方非常慷慨，很爽快地答应了。你们为此碰面，并一见如故。

很快，你们一起打高尔夫球，并且开始谈论关于滚筒烘焙机如何用红外线焦糖化测定器技术测试咖啡豆的色泽来断定咖啡的烘焙程度之类的话题，一切都进展得非常不错。其实你们是竞争对手，但你们惺惺相惜。虽然你们不是亲密好友，但你们是心意相通的同行。你们之间可能存在友谊，也可能没有，因为对手之间固有的竞争关系注定了一切皆有可能。

　　某天你们偶遇，对方说，我一直在思考一个问题，中型烘焙是一个朝阳领域，我正在考虑转型。你的意见呢？

　　面对同行对手的问题，你将如何回答？你可能会想：这仅仅是一个消磨时间的友好话题，还是他在借此试探我的真实反应？或者他误导我，让我从此认为中型烘焙是大势所趋，想将我引入歧途从而拖垮我的企业？他是真的在向我提供情报，还是在向我布下这个圈套？

　　中型烘焙领域确实被低估了，对方这一提议事出有因。这时你有三种沟通选择：一是可以完全不与其交流，这种策略过于保守；二是不以面临竞争的心态与他们斡旋，这种做法比较冒险；三是像对待舞伴那样对待你的竞争者，即大大方方、轻轻松松，并且不要妄图独掌局面。与同行交流的关键，正是跳舞的精髓。

　　当然，在与竞争对手分享时，如果你感觉到对方工于心计，完全隐藏实力，或者你嗅到了些许间谍意味，或者对方看起来异常狡猾的时候，你就不能够再采用舞伴战略了，你需要开启刚柔并济模式，这是与其展开社交周旋的有效方法。尽管你稍稍暴露了自身，但同时也更好地保护了自己。而且有时候你也有机会一招制胜（当然同样需要非常隐蔽）。不过还要强调指出的是，在这种情况下，即使你感觉到自身受到攻击，传递信息仍然比保护信息更为机智。

　　与竞争对手相处，一般都比较尴尬，不仅要分享一些个人和公司信息，还要适度保护自己的专利信息，更要时不时地抛出一些仅仅暴露你的内容。因此，要拥有开放包容的心态，不能时时处处戒备他人，这本身就是一种力量的体现。

双方的互惠互利，是一个以信息交换信息的过程，这是与竞争对手分享的核心机制，也是分享经济的精神指向。其实，将自己包裹得密不透风，完全不向外界透露一点儿公司信息，你会泄露得更多。这种姿态至少表明，你并不觉得自己处在强有利的位置上，不信任同行，这是一种致命伤。从来不向竞争对手透露半个字，一提起竞争对手就很生气，只能出卖了你自己。

美国芝加哥有一家公益组织，主体成员都是经济金融专业的大学生志愿者，主要为弱势群体提供金融知识和理财指导。该公司曾赢得了一笔 10 万美元的创业基金，是对其构建人际网络的一个奖励。

公司联合创始人兼 CEO 威尔从中发现，关键要把握平衡，任何一方都不能独占鳌头。威尔觉得，要将竞争看作一场游戏，但不能以玩游戏的心态来参与；可以花几个月的时间，让大家都有所收获；无论输赢，竞争中自己构建的联系都会被延续下来；不能让别人讨厌你，不能葬送任何一段关系，因为很多事情都是你想不到的。

竞争对手并不是敌人，即使他将你看作敌人，也应该成为你学习的同行。用谨慎的态度让一切顺其自然，将威胁当作机会，灵活、巧妙地避开攻击，就能够化戾气为祥和，将某些略显尴尬甚至暗流涌动的场面转变成展现自己专业优势的社交活动。

• 与竞争对手合作并从中获益

面对竞争对手，许多人都把对手视为心腹大患、异己、是眼中钉、肉中刺，恨不得马上将其打倒，争做市场的老大。

当年，麦当劳的创始人克洛克在哈佛大学院讲演，他问："如果竞争对手掉进河里快要淹死了，你会如何做？"学生给出的回答千奇百怪，克洛克沉着脸并转而微笑着说："我会立刻拿过水龙头，塞进他嘴里……"

克洛克的做法是曾经乃至当下很多人面对竞争常用的一种霸气手段。可是，奥地利生物学家康拉德·洛伦茨却认为，这种霸道行为并不理智。他觉得，动物交锋一般会采用威胁和虚张声势的策略，获胜者会尊重被降服者，只要对方服输，就会停止进攻，不会置对手于死地。这就告诉我们，生物的进化需要在"王道"和"霸道"间保持一种平衡，侵犯他人，无法获得幸福。

与竞争对手合作，可以把竞争对手限定在自己的地盘上，避免双方投入大量资金展开两败俱伤的竞争。通过联盟合作，不仅可以获得重要的市场情报，还能使营销领域向纵向或横向扩大，使自己与合作者进入单方无法渗透的市场，促进业绩增长，提高市场竞争力。

有这么一则童话故事：

农田旁边有三丛灌木，在每丛灌木中都居住着一群蜜蜂。农夫觉得这些灌木没用，打算砍掉当柴烧。

农夫动手砍第一丛灌木时，住在里面的蜜蜂苦苦地哀求："善良的主人，即使将灌木砍掉了，也没有多少柴火！看在我们每天为您的农田传播花粉的情分上，您就放过我们的家吧。"农夫看了看灌木，摇摇头："没有你们，其他蜜蜂也会传播花粉。"没过一会儿，农夫就毁掉了第一群蜜蜂的小家。

几天之后，农夫来砍第二丛灌木。一大群蜜蜂冲出来，对着农夫嗡嗡大叫："残暴的地主，你敢毁坏我们的家园，我们绝不会善罢甘休！"农夫的脸上被蜇了好几下，一怒之下，一把火烧了整片灌木。

接着，农夫又将自己的目标定在了第三丛灌木。这时，蜂王飞了出来，对农夫柔声地说："睿智的投资者，请您看看这丛灌木给您带来的好处吧！这丛黄杨树的木质细腻，成材以后准能卖个好价钱！我们的蜂窝，每年都能生产出很多蜂蜜，还有营养价值极高的蜂王浆，都能给您带来经济效益！"

听了蜂王的介绍，农夫忍不住吞了一口口水。他心甘情愿地放下斧头，与蜂王合作，做起了经营蜂蜜的生意。

面对强大的对手，三群蜜蜂做出了三种选择——恳求、对抗、与对手共赢，而只有第三群蜜蜂达到了最终的目的。这则故事给我们的启示是：商业竞争就是利益之争，将商业看作一场"零和博弈"，对手得益就意味着自己受损，结果只能两败俱伤。为了生存，必须学会与对手合作共赢，要把商业竞争变成一场双方得益的博弈。

与对手共赢，能以较小的代价换取更大的利益，是经营者的必备技巧。"商场上没有永远的朋友，也没有永远的敌人"，这蕴含哲理的名言揭示了竞争与合作的辩证关系，竞争不排斥合作。要知道，聪明的商人不但会积极与伙伴合作，也会勇于与竞争对手合作并从中获益。昔日竞争对手，今朝合作共赢。

与员工分享，让员工也尝到胜利的甜头

一个公司发展最重要的是人，公司最难驾驭的是优秀的人。如果能让你的员工和你共享利益，员工就会帮助你快速成功。因此，企业管理者应该学

会分享，分享成果给员工，让他们尝到胜利的甜头。

•让员工共享利益

古语有云："得人心者，得天下；失人心者，失天下。"这句话同样适用于企业管理。企业要想做大做强，靠的最核心的还是人，一个人心所向的企业才能走得更远，而要得到人心，企业老板就必须懂得和你的员工实施利益均衡共享。这方面，马云的做法值得学习借鉴。

2015年"双十一"狂欢即将到来之际，阿里巴巴（以下或简称阿里）西溪园区的"双十一"启动会却已经于10月13日提前打响。在这场备战大会上，一条重达68千克、从日本空运来的名贵蓝鳍金枪鱼，最终以38888元的价格被阿里巴巴创始人马云用手机扫描的形式拍下，号称是这一年"双十一"的第一单。

关于这条具有纪念意义的名贵金枪鱼的最后去留，曾一度引发讨论，有人甚至猜测：马云会将这条鱼用在与业内大咖的聚餐中。38888元的日产蓝鳍金枪鱼、"双十一"首单，无论是实际价值，还是纪念意义，都值得马云好好品尝。可是，马云却将这条鱼当作普通的三文鱼刺身，全部让给了阿里巴巴内部员工，马云一口都没动。

马云38888元买鱼转手就送给员工吃，这条鱼的一买一送，马云真的亏了吗？让我们站在阿里员工文化和激励的角度来看，在阿里员工当天的试吃中，尝鲜的员工至少也有上千，38888元的价格，平摊到每位员工的头上不过38块左右。这还没有算上试吃这条金枪鱼的曝光效应，以及试吃金枪鱼之后员工与员工之间、员工与自己家属之间、员工在自己个人的社交媒体上的各个口碑曝光效应。

事实上，正如阿里巴巴企业文化中所宣扬的"阿里人"家文化，用一条38888元的金枪鱼凝聚全阿里上下员工的心，让员工在吃鱼的同时牢牢记住马老板的恩赐，进而进一步与阿里巴巴整体的企业价值观产生共鸣。38888元的代价，马云又在企业文化和看不见的激励中，赚得钵满盆满，可谓一箭双雕。而这也是值得我们的企业学习的东西，想让员工当雷锋，也只有组织环境不让雷锋吃亏才能创造出真正的雷锋。而相比换来所有员工都愿意为组织付出，一条38888元的金枪鱼，真的算不上什么。

事实证明，善于与员工分享的老板，并不会失去什么，反而会得到更多。老板为人慷慨，员工就会更加安心效力，人才也会不招自来。慷慨地与下属分享劳动所得、分享成功收获，必然会得到更多的回报！

● 让员工共享利益需要利他主义

利他主义是分享经济必须涉及的理论。要使分享经济健康发展，管理者就必须做一个利他主义者。

所谓利他主义，就是个体在特定的时间和空间条件下，以牺牲自己的适应性来增加、促进和提高另一个个体的适应性。其实质是主体间的利益博弈，且是长期利益博弈的一种均衡。

（1）利他主义是实现人类理性均衡的基本条件。

人类理性最突出的表现有两个方面：①人类有复杂的计算推理能力，能进行短期和长期的成本—收益分析；②追求收益的最优化，当整体最优最终强于局部或个体最优时，集体选择的结果会最终趋向整体最优。囚徒困境就是一个关于人类利益选择的典型事例。

囚徒决策时，只追求自身利益的最优，不考虑别人的情况，这时的均衡就是坦白，结果对大家都不利。但人类社会的演进是一个利益博弈的过程，因此人类选择的最终均衡点是抵赖。

在囚徒困境这个事例中，二囚徒能够更多地从利他这个角度来考虑问题和进行决策。其实，不仅是囚徒困境，人类社会的许多利益博弈也都昭示了利他主义均衡优于利己主义均衡。所以，在这种情况下，作为有发达理性的人类，选择的最优化趋向也就成了必然；否则，必然与人类的理性相违背。

（2）利他主义有助于实现人类社会利益博弈的客体均衡。

利益博弈，一般都有主、客体两个方面。相对于主体来说，客体方面主要有社会、团体、他人、当局者等。对社会而言，利他有利于社会整体利益水平的提高，所以选择利他是社会整体性的必然要求。

对于某一团体来说，利他主义也优于利己主义，所以利他主义也是团体利益的必然要求；对于某个他人来说，同样希望别人利他，自然也会选择利他主义；对掌握政权的当局者来说，利他主义有利于政权的稳固，因此也会选择利他主义。

（3）利他主义有利于实现人类利益博弈的主体均衡。

这一点，需要从定性和定量两个方面来分析。从定性的角度看，在利益博弈的过程中，主体从自身的利益出发，利他也就是利己，选择利他，也就是选择了利己，所以主体必然提倡利他。另外，在某些特殊情况下，主体对利他的需求会更加迫切，比如，生活水平极端低下、物质极度匮乏时，人们更需要利他主义精神，道德水平也容易提升。物质极大丰富时，会偏重于利他主义，因为物质财富的极大丰富，使人们对来自物质财富的边际效用很低；相反，精神享受所带来的边际效用很高，而利他主义的选择是实现这种精神效用最大化的有效途径。

（4）利他主义的本质是均衡利益。

古语的"利出者实返"，意思是把利益让出去，还会再返回来。懂得和员工均衡分享利益，表面看起来会减少自己的收入，但从长远来看，却可以极大地提升员工的积极性，为企业创造更多的利益。

管理者做利他主义者，有助于建立有竞争力的利益均衡机制，能够让员工真正参与到企业的利益分配中；秉着"公平、公正、公开"等原则，将员工利益和企业利益进行挂钩，只要企业赚钱了，员工也能赚到钱。唯有如此，员工才能和企业团结一心，才能充分发挥个人的主动性、积极性和创造性，为企业创造更高的价值。

● 分享经济下的利益均衡

传统经济的均衡是以价值为中心的均衡，分享经济的均衡是以使用为中心的均衡。在分享经济中，由于稀缺的要素从资本转向劳动，使使用者的权利开始在分成中具有越来越大的权重。分享经济让更多的人参与进来，是收入分配模式的创新，千千万万人靠创业创新增收。

知脉是一个即时商务约见平台，在分享经济模式时代背景下，其主动拥抱移动互联网，以"一根针，捅破天"的分享经济模式，打造出了独特的商业生态圈。所谓"一根针，捅破天"，就是从解决身边最针尖的问题出发，通过共创共享，在万物连接的新世界磨出一把"利剑"，最终形成突破。

如今，保险、房产、金融等行业的营销人员，使用的销售手段主要有扩大市场、电话营销、陌拜等，效果都不理想。知脉从"经纪人开发用户难"的痛点切入，开发出了一款基于微信的移动展业平台。在这个平台上，经纪人可以在朋友圈分享优质的内容和产品，通过软件的大数据分析，充分挖掘朋友圈的人脉资源；同时，经纪人可以通过跨界合作，实现跨行业的资源共享与交流。

互联网对传统产业的冲击，很大程度上是视角和价值取向的变化，这一变化决定着中介的何去何从：只有代表消费者的利益，才能生存和发展。知脉为经纪人开创了一种全新的获客方式，给经纪人呈现了全方位立体的人脉数据，而大数据的分析结果，更会颠覆他们对身边人脉的认识。

第 **五** 章

企业之路：企业捕捉分享经济红利四大战略

随着中国经济进入新常态，整个经济的生态系统正在重塑，在这个过程中，分享经济正在释放和推进生产力，已经成为拉动中国经济乃至全球经济的一大新动能。在分享经济的背景下，企业如何捕捉分享经济的红利？主要是八个字：生态、共创、分享、增值。在这四大战略指导下，用这种系统化的思维方式重新塑造商业模式，在不同的维度和层面上实现更大的规模效益，这样，企业才能活得了、活得好和活得久，才能做到基业长青。

生态：关注各个环节，打造商业生态

商业生态系统是由组织和个人所组成的经济联合体，其成员主要包括核心企业、消费者、市场中介、供应商、风险承担者等，在一定程度上还包括竞争者。这些成员之间构成了价值链，不同的价值链之间相互交织，形成了价值网，物质、能量和信息等通过价值网在联合体成员间流动和循环。

商业生态系统是一个战略规划概念，因此打造商业生态系统必须采用系统的方法，即用高屋建瓴的战略思维、完善的系统思维和缜密的逻辑思维来定义商业生态链系统的价值链主链条、分支系统和周边环节。

●树立"全方位开放"观念，建立开放的生态系统

分享经济不仅是物的分享，还包括知识分享、数据分享、金融分享等。分享经济最大的价值不在于具体分享了什么产品，而在于合作和参与的理念。所以，企业必须树立"全方位开放"的观念，建立开放的生态系统。

在健康、开放的生态系统里，企业决策不再基于管理层的爱好，而是基于大数据分析得到的趋势和方案；企业的融资不再是传统的金融模式，众筹、P2P 模式也是更高效的融资方法；企业运营也可以通过社区，让有才华的用户参与到产品设计中，让喜欢尝鲜又细心的用户参与到产品测试中，让喜欢炫耀的用户参与到产品营销中，让斤斤计较的用户参与到产品质检中，让乐于分享的用户参与到产品客服中，让热衷分析的用户参与到

产品数据挖掘中……

营销这一环节，也会被互联网技术简化压缩：消费者通过互联网设计和订制产品，以订单的形式通过互联网将信息传递给消费者，厂家按订单生产，通过物流配送体系直接将货发送到消费者手中。在这个过程中，营销探测和战略会被一张订单压缩简化，同时还省去了分销环节。同时，管理也会发生根本性改变——组织是扁平化的。

因此，企业应该选择全方位的开放和共享。首先，是价值链（供应链）的合作和共享。雷军的小米手机的生产是典型的外包模式。雷军无须有董明珠的担忧，因为在共享经济的平台上，企业都有不同的分工。其次，企业需要充分开展平台化合作。无论是 B2B、B2C、C2C 还是 O2O，其本质都是利用平台连接买家和卖家。另外一个重要的系统就是竞争者合作和跨界合作，通过渠道共享、客户共享以及优势互补的合作，强强联合、优势互补、实现"双赢"。

分享经济是天然的开放经济，将重新塑造产业生态，生态化扩张将成为越来越多分享经济企业的战略选择。在分享经济时代，企业必须通过分享和合作打造生态系统，以联动分享的方式来实现跨越式发展，形成升级换代的整体力量。

● 分享经济的终极形态：共享的生态系统

我们知道，有了分享，才能共享，规模化共享就是一种生态。创业者在分享中既是享用者也是提供者，这种多边的商业格局就是具有共享意义的生态系统。分享经济的终极形态应该是集聚创业要素、产业要素和经济发展要素并产生化学反应，从而形成的一个基于共享的创新创业生态系统。创客天下就打造了这样的生态系统。

创客天下为用户打造了一个基于共享经济的创新创业生态系统，将企业传统的伞型生产组织结构变成了直线型，实现了生产要素资源的重构，有效降低了企业成本、提升了企业效率。目前，创客天下已经与新华网、中国联通、中国中小企业协会、中国软件评测中心、电子商务交易技术国家工程实验室、亚信集团、文思海辉、软通动力、91金融、51CTO、九枝兰、职圈等多个行业的领军企业展开了深度合作。

传统行业或传统企业的转型，是中国经济大量存量资产优化的必由之路。创客天下通过地方龙头企业、中小微企业、科研院所、高校、创客等多方协同，打造出了产学研用紧密结合的众创空间，吸引更多的科技人员投身科技型创新创业，促进了人才、技术、资本等创新要素的高效配置和集成，推进了产业链、创新链深度融合。

目前，创客天下在北京、深圳、重庆、石家庄、唐山、廊坊、济南、青岛、太原、大理10个城市已经成功落地，为创新创业者提供了更高端、更具专业特色和定制化的增值服务，带动了当地产业转型升级。

在创客天下的创新创业生态系统内，各创业者不仅可以享受服务，也是服务者，可以为他人提供自己擅长的创业服务，资源共享，降低创业成本，提升创业成功率。

在海外市场资源整合中，创客天下放眼于"中国制造2025"，与德国"工业4.0"战略对接，把德国先进技术同中国市场与产业转型结合在一起，为未来两国经济的持续增长提供了新动力。其以中德两国的深化合作为契机，致力于汽车工业、精密制造、可再生能源等产业，为传统产业转型、智能制造发展等提供支持，打造出了一条龙服务免签平台，提升了中德间的沟通效率。

基于共享的创新创业生态系统，创客天下通过各核心参与者，在人才、市场、资本等创业要素领域，帮创业者提升了整合要素的能力，持续输出创业服务资源，在行业中具有示范意义，值得学习。

● 打造企业生态系统的三种视角与策略

任何一个企业，都不是孤立地存在。尤其是在互联网时代，企业仅仅以依靠快速竞争、追求自身利益最大化等为中心的发展逻辑，已经难以适应外部环境的变化。互联网时代的企业，只有维持一种具有张力的开放性系统，才能不断与外界进行信息、资源、能量等的交互，进而实现自身的生存和发展。而这种开放性，强调的就是企业要构建并维持某种良好的、共生共赢的生态系统。

打造生态系统对企业来说意义重大。业界有一个观点：如果企业做产品、服务可以做到一亿规模，如果做平台很容易做到十亿规模，而如果做生态系统可能做到百亿规模。打造一个生态系统的商业潜力，可见一斑。那么，如何打造企业生态系统？这里提供三种视角和基于这三种视角的生态打造策略，如表5-1所示。

表5-1　打造企业生态系统的三种视角与策略

视角	关系分析	生态策略
企业与生态环境的交互关系	企业如有机体一般，也是一个开放系统；企业与外部环境保持着一种有序的互动关系。生物之所以能够进化，是因为周围的环境一直在改变，能够适应环境的生物就能生存，不适应的就会被淘汰，这是进化的最原始动力。作为一个开放系统，企业要找到在特定的生态位置上相匹配的生存与发展策略。企业本身也会随着生态环境的变化，不断变化自己的生态位置。在生态环境处于突变的情况下，企业的核心能力就不是保持稳定的问题，而是锻造柔性的应变能力及自身的组织变革能力	在交互关系下，要重塑以用户为中心的产业生态圈。借助于互联网，其管控重点由供应链转向用户的需求价值链，从用户需求出发，注重准确捕捉、深度理解、积极引导用户的有效需求，以此来整合产品订单、合作生产、采购把控以及产品设计、生产集成等，最终落在用户需求上，进而实现端到端的快速联动
企业"群落"之间的共生关系	生物生态学中有一个"种群"概念，指的是居住在一定地区的、两个以上不同物种组成的"群落"，而群落就是生活于某一特定地区的相互作用着的各种生物的总和。可以想象的是，各个群落生活在同一个空间，分享同样的资源，在资源不足的情况下，表现出竞争关系。同时，不同群落的个体之间存在长时间的紧密的相互关系，也即共生关系。企业亦如此。除了要适应其所在的生态环境，还与其他企业，包括供应商、用户、竞争对手、潜在进入者和替代者等存在竞争、互利共生和合作等关系。很多时候，"好"的竞争对手的存在，可以增加企业的危机感、饥饿感，从而提高企业的竞争优势，优化当前的产业结构，维持企业生态的良性循环	在共生关系中，要打造互利共生的产业协同关系。企业必须想清楚自己的业务延展逻辑是什么？公司的生态从哪里开始？如何逐步扩张？公司能够给生态圈中的用户创造哪些独特的价值？这些本质上属于公司的商业模式问题，然而生态关系首先是一种商业模式逻辑。为此，企业要将不同的产业资源整合在一起，实现"你中有我、我中有你"，并发挥"1+1>2"的整体效用

续表

视角	关系分析	生态策略
企业内部之间的族群关系	随着企业规模的扩大，企业内部会创建出不同的事业部或者子公司，这些可视为企业平台上的"子有机体"；它们之间相互聚合，形成企业内部的"子有机体族群"。在企业内部生态系统的同一平台上，一方面，由于共同的用户、渠道、技术和其他因素的存在，从而共享各相关"子有机体种群"的个体价值，产生互利共生的关联关系；另一方面，各个子公司又具有一些共性，如相同的战略导向、相同的用户特性、相似的价值链结构，这就需要提取不同价值链的共性，并进行差异化管理，才能强化企业内部的竞争优势	在内部族群关系下，要强化"子有机体"间的市场化联动关系，协同创造整体价值。在各个事业部间的合作中，注重降低信任成本、摩擦成本，进而凝聚、形成一种"因为信任，所以简单；因为简单，所以高效"的经营理念，从而提升企业整个有机体系统的核心竞争力

● 商业生态系统需要领导型的企业

美国学者詹姆斯·弗·穆尔曾著有《竞争的衰亡——商业生态系统时代的领导与战略》一书，他站在企业生态系统均衡演化的层面上，把商业活动分为四个阶段——开拓、扩展、领导和更新，并且认为，每个成熟的商业生态系统都有一个领导型企业，跟系统中的成员一起集中思考、探索系统发展的道路。阿里巴巴就是一个典型的电子商务商业生态系统中的领导型企业。

事实上，打造商业生态系统一直是阿里定下的大目标，其所有业务，不管是现有业务还是不断涌现的新业务，都长于这个生态系统，也融于这个生态系统。在这里，我们就以詹姆斯·弗·穆尔的商业生态系统四阶段演化理论，来解读阿里巴巴在打造商业生态系统过程中是如何成为一个领导型企业的。

（1）开拓：马云团队对机会的识别与利用。

马云创办阿里巴巴并不是第一次在互联网行业试水，之前马云及其原始团队曾进行过多次创业。比如，1995 年 4 月马云创建了中国最早的网络公司之一"海博网络"，并由此建立了"中国黄页"，主要是通过网站向世界介绍中国企业。1997 年底，马云的网站营业额为 700 万元。这些经历虽然跟阿里巴巴没有直接联系，却是马云对商业机会的识别和开发，是马云创办阿里巴巴、构建电子商务生态系统的基础。

1999 年 1 月，马云带领团队回到杭州，准备再次创业。马云意识到，当时的电子商务平台只重视 15%的大公司、大企业，很少会触及占总数 85%的中小型企业。马云看到了机遇，脑海中出现了阿里巴巴的雏形。他打算构建一个具有中国特色的 B2B 电子商务平台，为国内的中小型企业提供服务，通过网络向国内及全世界展示这些企业的基本资料，帮助他们获得传统运作模式中的稀缺市场。杭州处于长江三角洲，再加上浙江省集中了众多中小型企业，这就为阿里巴巴 B2B 电子商务平台的建立提供了现实土壤。之后，马云及其团队致力于阿里巴巴交易平台的建设，并通过关系网和自己的努力，找到了更多的合作伙伴。

（2）扩展：阿里巴巴的理念传播与核心能力建设。

成功建立起阿里巴巴 B2B 电子商务平台后，马云团队在宣传商业理念的同时，排除外界一切干扰，集中力量进行网站平台的开发与建设，产生了阿里巴巴最初的两大盈利模式：会员收费和支付、物流收费。阿里巴巴为会员（中小型企业）提供两种服务：一种是"中国供应商"，另一种是"诚信通"。阿里巴巴让中小型企业获得了前所未有的发展良机和对外交流机会，视野逐渐开阔。

2003 年，阿里巴巴建立了淘宝网，正式向全球 C2C 网络交易平台老大——美国 eBay 发起了挑战。当时，eBay 对会员采取收费制，马云果断做出淘宝网未来三年不收费的决定，在国内市场一举击退 eBay，并迫使后者将易趣卖给了 Tom 在线，全身退出中国市场。淘宝网采用的虽然是 C2C 模式，但也在很大程度上激活了阿里巴巴 B2B 电子商务平台，使其会员企业的大批产品进入淘宝网交易流通，增加了产品的销售渠道。

2003 年 10 月，阿里巴巴推出支付宝，并正式投入使用，解决了网络营销支付的安全和信用问题。阿里巴巴的商业生态系统不断地得到完善和巩固，核心商业模式趋于成熟。

（3）领导：阿里巴巴领导型企业权威地位的树立。

安稳度过互联网"寒冬"后，阿里巴巴建立的电子商务商业生态系统已经日趋成熟与完善，阿里巴巴也成为该系统的绝对领导者，随着参与企业数量的不断增加，各成员之间的角色也逐渐清晰、稳定。可是，系统虽然进入共同繁荣时代，但大部分参与者的利润却在减少。进入第三阶段后，随着商业模式的成熟，商业生态系统资金和新进入者大量涌入，许多后来者，不论系统内外，都在展望各种机会，能利用系统资源轻而易举地进入系统内部。领导者必须小心谨慎，审视各种繁荣现象背后的风险和危机。

对于资金的大量涌入问题，马云团队持有的融资理念非常成熟。在阿里巴巴成长初期，软银集团董事长孙正义想为阿里巴巴注入 4000 万美元资金，马云仔细考虑过后，认为合理的数字应该是 2000 万美元，之后双方达成协议。进入第三阶段后，阿里巴巴获得了更多投资者的青睐。可是，他们没有盲目选择风投，而是理性地对待投资者和融资额，最终选择了软银、富达、TDF 和 Granite Global 等投资商。

不久之后，马云又意识到，未来的电子商务离不开专业的搜索引擎，于是在 2005 年 8 月以 10 亿美元的价格向雅虎售出了 40%的股份，全面收购了雅虎中国的所有资产，弥补了阿里巴巴在搜索功能上的缺陷。

这一系列的决策与措施，不仅让阿里巴巴不断自我完善，还引领了整个电子商务生态系统的发展方向，增加了中小企业的盈利机会，树立了自己在该系统中的绝对权威，巩固了领导者地位。

（4）更新：阿里巴巴生态系统的持续改进与创新。

通过多年的努力，阿里巴巴电子商务生态系统的版图已经形成了完整轮廓：以阿里巴巴 B2B 电子商务平台为系统的业务核心，辅以淘宝网 C2C 平台的消费刺激，具有支付宝的网上支付安全保证和雅虎中国的强大搜索功能支撑。

目前，阿里巴巴已经度过了商业生态系统的第三阶段，树立了行业权威，成了绝对的系统核心和领导者，但依然并没有完全进入第四阶段，因为阿里巴巴 B2B 平台的会员企业的范围还不广泛，需要向中西部地区扩散；淘宝网的 C2C 平台仍然处于高速增长阶段，雅虎中国还要进一步进行系统整合等。阿里巴巴打造生态系统的目标是远大的，仅靠一日之功无法实现，需要不断努力、尝试。

综上所述，以阿里巴巴为核心领导的商业生态系统，产生了以下几方面积极作用：

（1）企业效益的集体提高。阿里巴巴的电子交易平台，使原本销量低下的众多中小企业获得了巨大的商业机会，消费需求迅速增长，大大拉动了各企业生产效率的提高。

（2）提高了缝隙市场的创造力。该商业生态系统中的企业具有多样性，其交易平台上的技术、产品或服务同样具有多样性。这种迅速增长的多样性，促进了系统中有效创新数量的增加，使原本处于缝隙市场的产品具有了更加广阔的生存空间。

（3）促进了企业（网商）与平台的协同进化。阿里巴巴平台的企业（网商）群体在蓬勃发展的同时，电子商务应用需求也在不断增加；另外，阿里巴巴服务平台的技术水平和服务质量也在不断提高。由此，企业群体和阿里巴巴电子商务平台形成了一种相互拉动、相辅相成、均衡式的良性互动。

（4）实现了系统成员的互利共赢。阿里巴巴通过中国供应商、诚信通、支付宝和雅虎搜索引擎等技术平台，为广大企业会员提供了巨大的盈利机会；同时，以会员收费制度和支付、物流收费等方式，建立了自己的盈利模式，双方达到了互利共赢。

（5）增强了系统的稳定性。阿里巴巴与众多企业构建的商业生态系统，与外界环境形成了紧密联系。合作伙伴间的战略同盟关系，给后来者、效仿者和竞争者树立了一道无法逾越的门槛。整个系统的抗风险能力显著提高，稳定性明显增强，还促进了系统内的良性竞争与合作，提高了内部成员的生存力。

共创：建立共创思维，完善共创机制

共创，是经济形态步入全民共创价值社会阶段的战略选择，是新时期"向高质量发展"目标下企业可持续发展的行动法则。分享经济强调共创，这一模式本质上也是一种共创模式，让参与者能创造更多的价值，即供需双方无边界，都在同一平台上实现增值。

对于分享经济企业而言，无论市场环境如何变化，用户既是分享的起点，也是分享的终点，企业对用户的洞察与把握是分享的原点。先来看一个案例：

温氏集团是一个以畜禽养殖传统行业为主业的企业，公司采用共享经济的理念，运用物联网和大数据技术，构建了一个包含饲料、兽药、养殖和加工全产业链的产业生态圈。在"齐创共享"的核心价值观的引领下，温氏集团致力于保证产品品质，增加合作家庭农场的收益，提高整个生态圈的效率，为农场、员工和企业创造了让人羡慕的社会价值和经济价值。

温氏集团价值主要体现在三个方面：

一是创新成果的共享创造价值。温氏在种猪、种鸡、饲料等方面的研究成果，形成温氏集团的核心竞争力，在此基础上，温氏与5万多户家庭农场共享核心产品的成果，实现产品品质的一致性，让参与农户共享了创新成果的经济收益，也为温氏企业的快速成长、平台化战略奠定了基石。

二是智能化水平提升共享创造的效率价值。通过信息化、物联网和移动互联网系统的构建，企业实现了5万多户分布式家庭农场产品生产过程的信息透明化，提升了效率，降低了成本和资源消耗，并实现了更有效的管理，提高了企业整体的运营效率，与此同时，使人的工作更为简单，在提高生产效率的同时降低了工作量。

三是"齐创共享"是公司的共享理念。在这一理念引领下，温氏集团回答了一系列问题，诸如，企业针对外界存在哪些利益方？他们能为我们做什么？我们能为他们做什么？我们能否搭建一个彼此共存的生态圈？同时，温氏集团建立和完善了"公司+农户""公司+家庭农场"，以及配套服务体系，构建了公司与利益相关者共生、互生的产业生态圈，实现了多方利益相关者的有效激励。

可以说，温氏集团是运用分享经济模式实现价值共创的一个范本。

●分享经济下的共创思维逻辑

在讨论这个问题之前，我们先来分析一下供需双方为什么能够无边界，也就是分析一下无边界组织问题。这无疑需要分析分享经济的组织方式。

分享经济的巨大价值就在于，资源的组织方式完全改变了"企业"这种组织方式，"企业"组织被"市场"组织方式替代。企业要交各种税，如企业所得税、个人所得税、增值税等，此外，还有内部组织损耗，因为有些价值需要用来维护企业组织自身；而市场这种组织方式完全没有这些成本，分享经济创造的价值就在于此。

随着互联网、智能手机和大数据等各项技术的不断发展，技术基础设施和平台设计逐渐成熟，平台能够低成本地为用户提供声誉和技能评估、招标系统、供需匹配、追索程序、检测技术和第三方支付服务，并同时确保交易的有效管控。如此，不仅大幅降低了市场交易的成本，也使企业或需求方不必再通过雇佣的方式获得服务，不必承担企业债的高成本。

在一些行业，"企业"这种组织形式逐渐被分享经济和众包平台所取代，传统形式的企业组织逐渐萎缩和消亡，新型的企业组织不断出现。比如，出租车公司被 Uber 代替，酒店和旅馆被 Airbnb 所取代。总之，新型的企业组织必然会更轻便、更精简和平台化。

以 Uber 为例，由于 Uber 公司组织边界日益模糊和具有可渗透性，这种组织形式就是我们常说的无边界组织，这也是 Uber 高举"共享经济"旗帜的公司的组织形式。无边界组织的特点是组织不再用边界来分隔人员、任务、流程和场所，而是创造机会让信息、权利、能力和报酬透过边界渗透流动到组织间。

无边界组织的表现形式是组织柔性，企业需要寻求四种类型的组织柔性：职能柔性、数量柔性、距离柔性和财务柔性。其中，职能柔性，能够将雇员顺利有效地重新分配到其他工作任务中；数量柔性，使企业在面临短期内对劳动力需求的变化时，能够便捷地增加或减少相应数量的编制；距离柔性，让部分成员和组织的关系更加松散，有助于实现数量柔性和财务柔性；财务柔性，就是工资柔性，有助于组织通过职能柔性、数量柔性和距离柔性，实现对组织成员数量和工作量的控制。Uber 完全符合上述组织柔性的四个要求，是无边界组织的典型对象。

Uber 司机可以自由地在专职司机和兼职司机两个身份中切换，也可以自由决定自己的工作时间，这就是所谓的职能柔性。

Uber 司机可以自主决定什么时候开始当 Uber 司机，什么时候停止当

Uber 司机；同时，Uber 公司也能通过乘客市场需求量的变化来调节给司机的车费报酬，从而实现营运 Uber 司机数量的调节，这就是数量柔性。

无论是司机数量，还是乘客数量的变化，以及 Uber 公司车费政策的变动，都会引起 Uber 公司财务支出和现金流的变化，这就是财务柔性。

Uber 司机没有固定的工作地点，可以在同个城市内的任何地方工作，甚至其他城市、国家和地区。这一点体现了距离柔性。

分享经济创造了无边界组织，因而分享经济下的共创就是在串联供需双方的问题、资源的过程中，通过信息的互动交流、资源的移动，提升参与各方包括供需双方、企业、平台的认知，最大化资源利用率，从而实现价值的共创。

在分享经济模式下开展共创活动有五个前提性要素，即能力、意愿、互补、互动、开创。它们是共创思维逻辑要素，是共创思维逻辑的合理内核，也是分享经济企业选择合作伙伴或者共创伙伴的基本思维，如表 5-2 所示。

表 5-2　分享经济下的共创思维逻辑五要素

要素	分析
能力	参与各方要进行共创，就必须具备一定的能力，这是共创最基本的要件。创造价值能力取决于参与各方的技术、研发、资源等。具体来说，平台有技术架构能力，企业有商品化研发能力，供需双方有资源，各自都要有创造价值的能力是共创的起点
意愿	参与各方光有能力还不够，还要有意愿去共创价值。事实上，即使参与各方有能力，如果不愿意去共创价值，还是无法共创价值
互补	参与各方的能力要互补。共创的概念不仅追求价值的加法，更重要的是追求价值的乘法、乘方。因此，充分的能力互补，才有利于共创出价值

续表

要素	分析
互动	没互动就"动"不起来。共创的历程就像化学变化，要互动才容易创生灵感的火花，开创原先未能预料的新价值。这个"火花"取决于双方互动的质与量，参与各方要双方彼此经常地互动、碰撞与对话，从互动中逐渐产生共识，而且每次的互动也都有所进展，也都了解接下来要往哪里走
开创	共创参与各方都有各自的人脉网络，共创就是进一步激发人脉网络效应，让人脉产生价值。不要只关注于共创参与各方自身的能力，要注重背后的人脉关系的资源

上述思维逻辑是分享经济下实现共创价值的前提，也是实现共创价值的催化剂。只有具备共创思维逻辑，才能在共创历程中孕育或演化出共同的目标，实现分享乃至共享的价值。

● 分享经济下的共创机制三要素

美国经济和社会学家杰里米·里夫金在他的《零成本社会》一书中说，"协同共享经济将颠覆许多世界大公司的运行模式"。管理学大师彼得·德鲁克说过，企业的目的就是为顾客创造价值。无论是里夫金的协同共享还是德鲁克的为顾客创造价值，都体现了共创在商业行为中的重要意义。那么，分享经济模式下的共创的机制或者说模式是什么呢？

在分享经济模式下，以信息技术为基础资源共享平台，有的是第三方创建的，有的是的分享经济公司自己创建的，借助这些平台，用户可以交换闲置物品，分享自己的知识、经验，或者向企业、某个创新项目筹集资金。无论自建或他建，在供需信息对接、优化资源匹配的过程中，作为利益相关者的平台、用户、公司三方就结成了合作共同体。基于分享经济的资源共享平台，各利益相关者注重以一种循环模式实现共创和资源共享，并因此会产生一大批拥护者，这类人实际上已经是他们的客户兼合伙人。

不难看出，分享经济模式涉及三个必不可少的要素：人、事、物。在实务中，人，指的是挑选对的共创者；事，指的是拟定共创的主题；物，指的是推进共创活动。如表 5-3 所示。

表 5-3　分享经济下的共创机制三要素

要素	分析
人——挑选对的共创者	挑选对的共创者，首先要弄清他为何参与共创，究竟图的是什么。换言之，我们必须清楚地了解到共创对于参与者的利益是什么。其次，"人"一般可分为核心成员、周边成员、观察成员三类。其中，核心成员可以很容易彼此共创价值；周边成员是旁边参与学习的人，他们可能进入核心成员，也可能退出变成观察成员。而观察成员也可能进入周边成员或选择离开共创团队。这三类人并非固定不变，它可以是一种"自组织"的概念，会随着共创的时间演化，也会随着共创的目标与主题弹性地调整。换言之，只要可以让参与者共创价值，对其有利或有意义，便可以起动共创的机制
事——拟定共创的主题	有事情做才能让参与者产生关系，有关系才能互动，有互动才能创造，进而共创价值，这是基本的逻辑关系。比如，电信业者与手机制造商可以通过合作共创价值，汽车销售商与保险业者可以通过合作方式来创造彼此的利益。有了共创的主题就有了共创的方向，同时也就有了整合的可能并朝目标迈进。因此，"事"有目标、方向和联结三个含义，是持续投入时间去互动之基本
物——推进共创的活动	共创必须借助"物"的滚动，不仅让人产生密切互动，也能持续激起彼此的行动，让整个共创机制动起来。这个"物"指的是过程中的对象或是暂时性的成果，同时也是共创最终的结果。由于成果与结果的具体存在，可能让共创者持续投入时间、能量并互动，这是共创的行动力的体现。不过，这些成果与结果也有可能使共创者退出，比如两家企业的合作，结果由于不如预期而中止合作计划。由此也可以看出合作方签订合作方案及在合作中进度、做法与互动等是否规范的问题，因此协调共创者的持续互动与行动至关重要。这是考量共创机制是否成熟的一个重要方面

在共创机制中，人、事、物三者之间必须形成连接。首先，有了人就有了关系，并且能持续互动以共创价值。人是共创的核心，也是起点。其次，事表示共创的方向和目标，事可以使人与人之间达成连接与关系。最后，物则让这些连接与关系能够"动"起来，也就是共创的具体历程，共创是依"物"采取必要的行动。

总之，分享经济企业必须以用户利益为中心，建立价值共创思维，完善价值共创机制，以切实解决用户所需，与用户共创价值。共创才能共赢。

分享：做好价值定位，分享要有价值

定位和卖点是分享中不可或缺的两个重要方面。分享注重价值定位，也就是说你能给生态链系统中的利益相关者提供什么价值，带来哪些好处？为什么你的方案能够解决用户的问题或者改善他们的状况？怎样帮助他们达到目标？分享，是有价值的分享，分享的资源、产品或服务都能够帮助到用户，实现用户价值，"有价值"是分享的卖点所在。

●分享的价值定位：找准客户价值主张

企业若想成功，必须提出自己的价值主张，满足目标用户群的需求。比如，在分析外部市场时分析你的产品是否有同质化的情况；做内部分析时分析你的团队是否具备产品运营能力，什么样的模式才能有助于满足用户需求，以及是否能够持续保持你的价值主张；等等。分享经济注重与他人共创价值，企业的价值主张其实就是用户的价值主张，因此上述的内外部分析都应该围绕着一个目标：找准用户价值主张。

所谓用户价值主张，是指用户能够得到的一切，既包括有形的，也包括无形的。这个定义可以用一个等式来表示：用户价值＝（产品性能+提供的服务+形象）/支付的价格。

有这样一个案例：

喜利得集团（以下简称"喜利得"）位于列支敦士登境内沙恩区，主要向全球建筑行业提供各类产品、系统和服务。其不仅销售公司生产的手持式电动工具，还赚取客户在工具损坏或无法使用时付出的机会成本。

在发展过程中，喜利得曾经遭受过较大的销售损失，公司立刻改变策略，从客户着手，积极吸纳客户的反馈信息，不断改善产品和服务。在此过程中，喜利得有了重大发现：工人觉得小工具都是一次性用品，廉价电池驱动型工具虽然乍看起来有效、可用，但实际应用时容易使施工场地过载，施工现场的管理人员了解工程期限限制，会使用各不相同的工具；同时，手持式电动工具还会为施工现场使用工具的承包商创造巨大的机会成本，妨碍工作效率的工具会中断时效性较强的工程，造成生产力和时间的大量损失。

喜利得最终得出，工具管理是一项大负担。之后，其便向消费者提供便利和"工具队管理"服务，客户不用再购买单项工具，在规定的使用期限内租用工具，只要提供无预付款资本投资和固定月息即可。这种租赁模式，灵活高效，客户还能额外获得修理服务。

喜利得的工具队管理商业模式代表一种新的用户价值主张，从而将不利因素转化成了利益增长点，公司在分享经济背景下扩展了利益公式。

　　用户价值主张是用户真实需求的深入描述，要想创建一个成功的用户价值主张，需要直觉和经验，但采用井然有序的流程，成功概率就会提高。这里，给大家介绍三项举措，可以帮助你找准用户价值主张，如表5-4所示。

表5-4　找准用户价值主张的三项举措

措　施	实施指导	思考维度
市场分析	对用户市场研究不能只听用户之言，还要观用户之行。可调查用户的个人偏好和未来行为预期，然后将得出的数据同有关用户实际行为信息相结合。还有一种方法是利用统计技术对产品选项进行研究。这种方法为用户提供了一系列的功能和价格组合，然后根据他们的选择来推断哪些产品属性或功能对他们最重要。第三种方法是模拟购物体验，尽可能再现用户在真实市场环境中面临的选择	这些分析可以成为用户细分的基础，使你能够根据用户最看重的因素和价格敏感度，专注于特定的用户群。为此不妨想想看：谁是你的目标用户？哪些属性和产品功能对他们最重要？公司的发展空间，也就是获得用户和市场份额的最佳机会在哪里？如何才能让其他供应商的用户改用你的产品或服务
竞争审查	没有哪个用户价值主张是凭空出现的。就像经过自然选择、不断进化的物种一样，所有能推向市场的创意都有自己的原始雏形。它们充其量只是应用了过去已证明成功的创意。因此，需密切观察在多个市场见效的用户价值主张，以及已经在这些领域站稳脚跟的竞争对手。模拟的商业模式不一定要来自同一个行业，公司也可以向其他行业求取真经，比如许多行业都有靠专业用户服务来支持高价政策，或者成为环保领先者的价值主张	想想看：当今世界最成功的用户价值主张有哪些？它们为何能奏效？竞争对手提供的是什么？这种主张如何因用户类型和市场而异
能力评估	能力系统是流程、实践、技巧、能力、技术和文化的集合，可依靠这个系统提供具有竞争优势的独特价值主张。协调性强的公司往往拥有一定的差异化能力，并善于组合成为一个能力系统，相互加强，建立屏障阻挡竞争对手，并让公司能够在选定市场获胜	制订增长计划，应该先阐明你目前拥有哪些差异化能力。为此需要思考以下问题：目前你拥有怎样的能力系统？这些能力将如何为你开发适合当前市场或新市场的新产品或服务？根据你的市场"剧本"，你需要投资、收购或开发哪些能力来推出新的用户价值主张

这三项举措是思想启动器，能为客户提供创意种子；同时，它们还是实用的创意过滤器，能确保价值主张的成功。其中，市场分析能够确保市场规模足够大、顾客愿意支付适当的价格；竞争审查能帮助公司发现竞争壁垒和潜在机会；能力评估则能确保公司实现自己的意图。

● 分享的卖点：分享要有独特价值

有价值的分享首先需要换位思考，真正从用户需要出发，无论分享物品还是分享心得，都应该给人以切实的帮助。来看下面几个案例：

案例1：今日头条

2016 年 3 月，今日头条的广告密集地出现在地铁、楼宇、公交站牌、电影院等场所，其针对特定人群、特定场景定制化撰写了个性文案，加上鬼畜短视频，将"今天……看今日头条"的句式进行洗脑式传播。今日头条作为一个内容分发平台，其优势在于，通过算法来推送个性化内容。此次不同场景、不同文案的定制化广告正好呼应了其个性化推送的理念，进一步强化了品牌形象。

案例2：苹果手机

2017 年 3 月 21 日，苹果官网突然更新"现更以红色呈现"，上架了红色特别版 iPhone7。为了蹭上红苹果这个大热点、绑住 Apple 这个大 IP，在社交媒体上借势营销一把，各品牌微博、微信小编连夜起床，想文案、P图，一时间"中国红"刷爆各网络。

案例3：网易云音乐

2017年3月20日，杭州市地铁1号线和江陵路地铁站印满了网易云音乐的乐评，瞬间击中了人们的内心，很多人都从中看到了自己的影子。网易云音乐将情怀的价值放到了最大，成本低、传播度高，是最好的广告形式，网易云音乐的广告文案立刻就在朋友圈刷屏。

为了让分享有价值，分享经济企业要思考主流消费群是什么人，他们有什么特点，了解他们在乎什么、痛点又是什么。也就是了解究竟哪些方面让用户觉得不方便、不舒服，什么问题困扰用户睡不着觉，然后针对用户的痛点调整自己的服务。分析用户人群，从中挖掘卖点，解决实际问题，才能实现有价值的分享。

"痛点"在这里是一个代名词，不仅仅是痛点本身，还有笑点和痒点。目标是击中痛点，由痛变痛快；找到笑点，让对方更加开心；挠到痒点，扩大兴奋，做让用户为之一振的事情。具体如表5-5所示。

表5-5　痛点、笑点、痒点解决办法

事项	解决办法
痛点	找用户的痛点，这个最容易做到，因为每个人都是消费者，也就是用户。因为分享的参与者既是资产的拥有者也是使用者，二者是同共担的。你想进入哪个行业，你就去这个行业多次消费，找到你和其他用户所要解决的痛点。你可否解决它，这就是你分享的卖点，有独特价值

续表

事项	解决办法
笑点	找用户的笑点，这个比找痛点难一点，但方法是一样的，就是去你想进入的行业多次消费，感受到你和其他用户最开心的是哪一点。你可否做得再好一点，这就是你分享的卖点，有独特价值
痒点	找用户的痒点，这个最难，方法还是一样，不仅要去你想进入的行业多次消费，还要认真体验你和其他用户感到"隔靴搔痒"的究竟是哪一点。你能否真正挠到痒痒处，这就是你分享的卖点，有独特价值

在实务中，解决痛点、笑点、痒点，就是要让分享的物品有实用价值、让分享的服务有帮助价值、让分享的信息有思想价值。

增值：优化协同消费，实现增值增效

分享经济是协同消费模式。良好的协同消费一定实现增值增效，这是一种共赢结果，是分享平台上的利益各方在协同消费过程中持续优化协同消费而产生的。

● 协同消费及其群聚效应

协同消费也即分享经济。分享经济在美国人雷切尔·波茨曼和鲁斯·罗杰斯合著的《我的就是你的：协同消费的崛起》一书中被称为"协同消费"。该书作者认为，全球经济正呈现出这样一种前所未有的趋势，即消费者之间的分享、交换、借贷以及租赁等共享经济行为正在爆炸式增长。无论在金融业、旅游业、教育业或是零售业，因互联网技术发展而崛起的协同式消费，逐步突破传统商业模式在交易方式、用户体验上的限制，将看似不可能的商业创意变为现实。

所谓协同消费，就是消费者利用线上、线下的社区（团、群）、沙龙、培训等工具进行连接，实现合作或互利消费，主要包括在拥有、租赁、使用或交换物品与服务、集中采购等方面的合作。

协同消费的核心是共享，既可以是线下面对面进行的共享形式；也可以是通过网络等方式来实现联系、组建社群，匹配能满足交换需求的物品或个体，将多个点对点的需求满足变成多对多的平台。比如，只要将自己的物品或服务展示在网上，就能与别人分享不同的资产，如一间办公室、一幢公寓、一辆出行工具等。持续地分享并优化协同，就能产生巨大的群聚效应，继而实现共赢的局面。

群聚效应，是一个社会动力学的名词。在一个社会系统里一旦某件事情达到足够的力量，能够自我维持并为今后的成长提供动力，也就产生了群聚效应。只要满足了条件，任何事物都能产生群聚效应，如原子从量变到质变，一本书从默默无闻到畅销市场，MP3 等高科技产品的大行其道，都是群聚效应的反映。这里有几个典型例子：

案例1：众人仰望看天

在一座大城市里，行走的人群中，如果有一个人突然停下来抬头往天望，没人会搭理他，其他人会照旧继续他们要做的事情；一旦有三个人停下来抬头望天，有些人可能就会停下来看看他们在做什么，但片刻之后又会去继续做自己的事；如果站在街上抬头看天的人增加到六七个，其他人可能也会在好奇心的驱使下加入队伍，想看看他们到底在做什么。

案例2：离婚相互传染

为了研究朋辈离婚与个人离婚的关系，美国哈佛大学、加州大学和布朗大学的心理学和社会学学者，对一批研究对象近32年的生活数据进行了研究。结果发现，离婚具有传染性，每起离婚事件都会在朋友中造成影响。如果最好的朋友离婚了，你的离婚率至少会增加70%；认识的人中离婚案例越多，你离婚的可能性也就越大。离婚存在一定的社会传染，像某些疾病一样会快速传染，被称为"离婚群聚效应"。

案例3：企业聚群

在一定的区域文化和制度背景下，有关联的企业（这些相关企业可能共存于某个特定产业），由于专业分工、资源互补等原因，依靠合作协议、承诺与信任，在某一地理区域动态聚集，就能实现产业或产业链的动态平衡，形成企业集合体，即企业聚群。一旦出现了企业聚群，其在区域内就会具有较强的竞争优势，对区域经济发展起到重要的作用。

群聚效应可以让某一事物流行开来，比如城市中抬头望天的人数的增加、企业聚群的形成等，其中流行开来的点叫作"引爆点"，又叫"临界量"或"转折点"。对于各种不同的协同消费形式，是否达到群聚效应中的"引爆点"并没有一个统一的衡量标准，要依据协同的内容、用户需求的满足程度和用户的体验而定。一般来说，"引爆点"受到社会因素的影响，这些因素包括人数、关联度、沟通的方式等。这里值得一提的是，"引爆点"在营销领域具有重要意义，如果一个产品或服务能够找到"引爆点"并实施"爆破"，就会赢得市场，进而打造品牌形象。

● 协同消费下的增值增效

下面是一个关于海豚的例子：

在捕食和寻偶的过程中，海豚会进行众多自发的集体协作行为。海豚以家庭血缘为单位，过着结群生活，各族群由6~10只海豚组成，彼此间联系紧密。可是，为了轻松地集体捕食，在太平洋和大西洋等开放水域，许多海豚群都会暂时（几分钟到数小时不等）团结在一起，集结成群的海豚成百上千。

一旦发现了群鱼，它们就会将其包围在中间，用自己的身体形成一堵围墙；为了防止其他掠夺者前来抢食，体型较大的雄性海豚会在包围圈外围来回游动。海豚群会慢慢地聚拢缩小包围圈，把鱼群逼成一团；然后，依次从鱼群底部突入或冲进鱼群进行捕食。此外，海豚还掌握着技能，比如，在围猎的过程中，年纪较大的海豚会潜到鱼群下方，一边向上游，一边将鱼群赶到还没有捕获到食物的海豚身边。

海豚集体协作的规律长期不变：集体捕猎的海豚越多，捕食到的猎物越多，集体、个体获得的利益也就越大。

在这个故事中，海豚依靠集体协作的力量完成了艰巨的任务，获得了超乎个体能力的劳动成果。

其实，人类社会的情况与海豚家族一样。在原始部落时期，大家一起捕猎、觅食，往往更容易获取食物；一旦获取到猎物，他们就会将肉分成小块，分给部落中的每个人来享用；农耕时代，农民相互协作，彼此分享农具，一起搭建畜棚，共同收割庄稼，甚至一起保卫各自的领地；工业时代，为了完成产品的生产，各企业也会建立起生产联系。信息化时代，企业更要秉承开放与协作精神，进行高水准的协作。

协作是人类生存和发展的核心，是人类创造新成果的基础，贯穿于人类可记载的历史中。协作之于协同消费具有同样的意义，协同消费之所以能够增值增效，是因为分享平台上的利益各方能够持续优化分享行为。通过持续优化分享，使资产能够共同享用，资产的价值被最大化，享用者需求也得到了满足，最终所有参与者的行为都实现了增效，所有参与者的利益都实现了增值。

在购物方面，协同消费的增值功能最为明显。消费者之所以要购物，主要是为了寻找便利和满足需求。为了找到自己想要的东西，很多人都会从一家店逛到另一家店，从一个通道逛到另一个通道，从一个货架走到另一个货架，女性消费者更是如此。

协同消费要想与传统的消费模式竞争，必须具备众多的选择，满足消费者的不同需求。以服装类的交易为例，衣服一般都出自不同人的手，尺寸不同、品位不同，如果消费者找不到自己想要的，就会失望地离开。选择的空间足够大，交易才容易成功。

为了将自己不喜欢或不再穿的衣物交换出去或卖出去，小李想在一个衣

服交易平台上做些服装交换。小丫是个时尚达人，也在这个衣服交易平台上做服装交换。小李和小丫虽然不认识，但两人都把闺蜜拉了进来，不知不觉中，在同一平台上一起加入了协同消费的行列。

小李有一条黑色长裙，虽然自己不太喜欢，但还是穿了很长一段时间；她还有一件品牌衣服，自己很喜欢，但尺寸不合适，只能被闲置在一边。平台页面上弹出一系列窗口，小李最终进入了露天集市市场，跟上百位不同年龄的时尚女性讨论各种衣服。

小丫发现了长裙和品牌衣服信息，就花费两个纽扣（网站的虚拟交易货币）购买了黑色长裙，用一条蓝丝巾和一件短袖 T 恤换来那件品牌衣服，小丫觉得很满意。而让小李感到开心的是，自己不仅换回了质量不错的衣服，还让自己的衣物有了新主人。

在成千上万的服装交易案例中，上述案例只是其中之一。比如，当你在 Google 里搜 "clothing exchange"（服装置换）词条，搜索的结果达 1000 多万个网页。案例中小李和小丫及其闺蜜们在消费过程中的这种分享是以一种前所未有的规模来呈现的，这个规模化的消费大军，通过网络平台进行有形、无形的群体分享与协同，催生了 "我的就是你的" 的全新经济模式。这种群体消费与协作分享的融合，在网络效应作用下不仅促使公共利益最大化，实现了增值，也形成了一种独特的分享文化。协同消费既然有如此之功，企业要捕捉分享经济红利，就必须持续地优化分享行为。

第六章

精彩案例：分享经济的最佳实践者

　　所谓分享经济，指的是拥有闲置资源的机构或个人有偿出让自己的资源使用权，让渡者获得回报，分享者为自己的闲置资源创造价值。如今，分享经济大热，参与者众多，如在线教育、家政服务、办公室租赁、知识分享、时尚和奢侈品租赁等领域，都有人涉猎。这里，我们选择并描述了国内外为人称道的分享经济精彩案例，在欣赏这些最佳实践者风采的同时，更能学习借鉴到他们的思维模式和经营方式，对参与分享经济热潮一定会有所帮助。

FreeBao-微鸟：标准课程+在线社交模式

最近几年，在线教育的风向已经从 PC 端转移到移动端，并逐渐融入社交、旅游等不同内容，给年轻群体提供了更新鲜的在线学习方案，杭州微群信息科技有限公司旗下 FreeBao-微鸟（以下简称"微鸟"）就是这样一个在线教育平台。

微鸟在 2015 年 11 月开始上线，突破了不同国家用户的语言障碍，不同国籍、肤色的人在这里可以畅通、自由聊天，还能学习对方的语言。目前，微鸟的业务主要分为两大板块：标准在线课程和 11 国语言自由聊。其紧贴移动端教学的新趋势，利用自主研发的教材，聘请资深的雅思考官和中文教师进行授课，课堂工具丰富实用，给学生带来了前所未有的移动端学习体验。微鸟官方公布的数据显示，现注册用户约为 150 万人，平台日活量为 1 万人左右。

微鸟是 2016 年中国在线教育服务十大影响力品牌。在 2016 年 6 月，微鸟获得北京某机构约 1000 万元的 Pre-A 轮融资，新华社、中新社、《浙商杂志》《杭州日报》、动点科技、网易科技、新浪科技等媒体纷纷进行报道。

●中英文标准化在线教学

微鸟中英文的标准化在线教学，应用软件功能主要包括口语社区、社交翻译等。其中，社交翻译融合了英国、日本、韩国、俄罗斯、法国等 11 国语言的强大数据算法，可以对聊天记录进行即时翻译，可以与韩国人畅谈诗词歌赋和人生理想，还可以学几句韩语。而在口语社区，会进行大范围的沟通，能让学生感受到更多的教学和语言环境，提升沟通信心，强化近期学习内容，提高新语言和技能的学习。

平台开发的学习界面，不仅能实现聊天和视频同框，还能即时翻译老师和学生的对话，保证学习过程中的双向交流。借助此平台，学习更加简单易行，学员只要手里有部手机，就能随时随地学习，帮助学生把碎片的时间充分利用起来。同时，全系统化的一键上课，还能自动记录学生的学习历程，即使是忙碌的上班族和学生，也能享受到贴心的服务。

微鸟会根据学生的不同情况安排不同的课程，对于零基础的学生，微鸟会根据学生的自身情况，量身定制个性化课程，为他们匹配相应的老师。使用的教材是欧美和新加坡专家专门为中国学生量身打造的，每门课程共有 18 个级别，各级别的语言学习者都能在微鸟大学找到方向。

在微鸟软件上，汇集着全球 172 个国家的英语老师，80% 来自欧美，20% 来自其他国家，为学生提供最佳的英语教学服务；一对一的实时真人视频对讲，能够让学生快速掌握纯正流利的英语口语发音，丰富的教学场景让学生敢于大胆开口讲英语。

微鸟认为，学习语言靠的是自己的毅力、高频率的学习、正确的方法、看到老外就两眼冒光要去搭讪的勇气，这样才能练就一口流利的英语。因此建议在每周保持 6~8 节课的频率，并持续性学习。首页界面自由聊可以帮助学生巩固上课内容，多个随机话题进一步提高学生的英语能力。微鸟的英语课程顾问均过英语"专八"，他们为学生服务的同时还可以陪学生一起练习口语，提供最有效的学习英语的方式，多方面来帮助学生提高英语。

• 在线社交——社交性学习

当众人对社交性学习平台抱有怀疑态度时，微鸟团队却有不同的认识：除了考试培训，外语学习的最大目的是交流。社交性学习和应试教育模式完全相反，它可以把一个普通人相对低频的学习习惯变成时时刻刻在注意的东西，实现外语教育的初衷目标。

为了提高教学效果，在教辅方面，微鸟与英孚开展了积极合作。在口语大学，学生只要点击发起课程，平台上的老师就能收到通知。如今，APP 上线的如"状态分享""微鸟朋友圈""城市客厅""口语大学"等板块，都体现了平台在社交需求上的增值服务。比如，当地的社交群，晒着来自不同国家的朋友圈状态，还有异国旅游时通过语音识别的即时翻译等，微鸟帮助学生打破了羞于开口的状态，为学生带来了丰富的异国风情民俗资料。

• 微鸟的盈利方式与团队

教育是永不过时的话题，专注社交与教育黏合的平台，近几年还出现了 olla、Ga Ga Match 等，让在线教育社区化和粉丝化经济趋势越来越明显。正是这种趋势，让微鸟确立了自己的特点。其采用国际化的技术手段，结合标准化的学习系统，为学生提供教学服务。

目前，微鸟的盈利方式主要来自课程套餐，定价为 3000～5000 元，"90后""00后"是平台消费的主力军，他们主要利用平台来拓展交流渠道和进阶外语水平。资料显示，目前注册用户约为 150 万人，已经售出 500 多个学生套餐，消费均价为 5000 元左右，平台日活量保持在 1 万人上下。

在团队建设方面，微鸟的成员一共有 30 人，在技术、运营、产品、教研等领域各有一个主负责人；CEO 具有新加坡留学背景，有着多年的教育研究和运营经验。

● 明星学员的微鸟学习感言

有位当企业高管的妈妈，月薪 3 万元左右，但依然满足不了女儿的暑假花销，去美国游学、为孩子请阿姨照顾、每周两节钢琴课、参加游泳班等，仅这些费用加起来就多达 3.5 万元。为了让孩子接受最优的教学服务，经过多方比较后，她决定给孩子约微鸟英语的试听课。

微鸟在安排试听的时候，考虑到孩子年龄小的问题，给孩子安排了一名以英语为母语，中文也非常好的欧美外教老师。但孩子面对外教时心里有些紧张。于是微鸟又给孩子安排了中教老师的试听课。老师不仅有非常丰富的少儿英语教学经验，教学风格也热情大方，还具有良好的亲和力。孩子在试听过程中，表现出对英语学习极大的兴趣。最后，这位妈妈选择了微鸟英语，一次性购买了微鸟英语两年套餐，和孩子一起学习。

这位妈妈是西交利物浦大学（中外联合办学的重点高校）的老师。为什么一位名牌大学老师为孩子选择微鸟？就是因为微鸟的"标准课程+在线社交"的教育方式能给学生带来不一样的体验。其实，对微鸟在线教学独特方式和效果明显深有体验的不只是这位妈妈，许多在微鸟学习的学生都有一定的收获。下面，就让我们来听听那些明星学员的声音，了解一下他们的学习经历，是什么让他们爱上微鸟，也许你也会爱上学习英语。

一位软件工程师说："因为工作需要，每天都要接触外国客户，很自然就想到要提高商务英语，工作关系，固定时间地点的培训班很不方便，听说这里24小时随时可以发起课程，就来试一试，效果出乎意料得好，老师很耐心，视频结合打字翻译，明显感到英语水平提高了，减少了时间成本的同时助益了工作。"

一位女空乘员说："开始工作后越发意识到英语的重要性，平时工作忙，没有时间去培训班，之后就遇见了微鸟，在手机APP上即刻发起课程，十分方便，十多节课下来，我的发音和听力有了不小的提高，这着实让我满意。"

一位大学生说："一开始是觉得很新奇，通过这么一个手机软件，可以和美国老师学英语，开始和老师聊了之后，就停不下来了（笑），老师每节课都会教不同的内容、句式、词组，然后让我运用这些句式来模拟对话，或者向她提问，这样一来，立马就学以致用了，效果嘛，我六级考了六百多分，哈哈。"

一位婚礼策划师参加微鸟雅思英语学习后说："在微鸟学习英语以来，我学到了很多过去没有学到的雅思英语，课上老师耐心地教导我，课后还指导我学习方法，就像朋友一样亲密，让我获益匪浅。通过微鸟雅思口语课程的学习，2个月的时间我就提高了一分，感谢微鸟。"

一位人民警察参加微鸟日常英语学习后说："我自己很喜欢微鸟口语大学的地方主要有三点：教材很开放，内容很生动；与自己在别的在线教育平台报的几万元课程相比老师的授课方式更容易消化；课下跟老师交流很方便，不只可以上课还可以做朋友。"

一位信息博士研究员参加微鸟日常英语学习后说："中国式教科书上的

英语教学只能让我学到基础，完全不能用英语正常交流。我经常要出国做学术报告，工作强度比较大，为了找到适合自己的英语学习方式，我加入了微鸟英语学习。这里环境轻松，时间灵活，让我的口语实现了很大的进步。"

一位记者参加微鸟日常英语学习后说："我已经毕业很多年，一直都在做媒体采访工作，平时非常忙，根本就没有时间去学习英语。了解到微鸟英语平台后，我每天都会利用睡觉前 25 分钟来学习英语，满足了我采访外国人的需要。"

一位幼儿园小朋友说："我今年 7 岁，妈妈帮我报名了两门课外英文辅导班，一个是音标，另一个是新概念英语。虽然学习任务重，但上微鸟课我依然感到很开心，因为可以和外教玩耍学习英语。"

管家帮：以精细化服务杀入家政 O2O

管家帮是一家会员制家庭服务平台，主要业务是管家持续跟进服务。2016 年 5 月，管家帮获得 1.2 亿元人民币 B 轮融资，成功实现了向家庭服务综合平台的转型。

管家帮的最大特色是精细化服务，其免费为用户提供解决方案和建议决策，用户只要为自己所选择的服务付费即可，管家会为用户提供养老护理、月嫂、小时工、蔬菜配送等服务。目前，除在北京、上海、广州、深圳等一线城市外，在杭州、天津、武汉、南京等地也有布局。

目前，养老护理和月嫂服务已经成为社会关注的重点。管家帮的养老护理和月嫂的标准化服务独具特色，尤其是在养老护理方面，更体现了管家帮大胆革新的秘密。下面，我们就来介绍一下管家帮的养老护理和月嫂的标准化服务，然后解析管家帮改革背后的逻辑。

● 管家帮的养老护理和月嫂的标准化服务

1. 养老护理

管家帮的养老护理主要包括两大类：居家养老护理和医院陪护。

（1）居家养老护理。其服务内容包括：家庭清洁卫生、老人生活照料、老人疾病监测、提供非医疗性的常规护理、对老人进行安全保护。

（2）医院陪护。医院陪护不做级别区分，服务内容有：为在医院接受治疗的病人提供生活照料，具体包括清洁卫生照料、24 小时监测生命体征、基础康复护理、疼痛照料、饮食照料、按遗嘱对病人进行用药护理、用品消毒、心理疏导；养老护理员的服务，具体包括初级养老护理员、中级养老护理员、高级养老护理师和金牌养老护理师等服务。

初级养老护理员的主要工作包括全自理老人生活照料、清洁卫生照料、睡眠照料、饮食照料、排泄照料、安全保护、陪伴；技术护理包括生命体征测量、慢性病服药护理、疾病日常观察、消毒、冷热护理、常规护理记录、心理疏导；辅助工作包括家人饮食料理、简单家居保洁、记账采买。

中级养老护理员的主要工作包括半自理老人生活照料、清洁卫生照料、睡眠照料、饮食照料、排泄照料、安全保护、陪伴；技术护理包括生命体征测量、慢性病服药护理、皮肤护理、褥疮护理、疾病日常观察、消毒、冷热护理、常规护理记录、心理疏导、肢体康复护理；辅助工作包括家人饮食料理、简单家居保洁、记账采买。

高级养老护理师的主要工作包括照料不自理老人（瘫痪、无意识等）生活、保障客户 ADL 水平、提升其 QOL 水平、清洁卫生、照料家庭成员基本生活；技术护理包括药物反应监测、异常观察、用物消毒、护理记录、危重病护理、康复护理、临终护理、丧后事物引导；辅助工作包括家人饮食料理、简单家居保洁、记账采买。

金牌养老护理师的服务内容包括护理全自理、半自理、不自理、精神类基本、传染病、危重病老人，为客户提供精细化高端服务——食疗、中医推拿按摩、药物监管、康复指导、调整家庭饮食结构、急救，整体提升客户QOL 水平。

2. 月嫂标准

在月嫂标准化服务方面，管家帮建立了四维母婴护理体系。经过数十年的行业经验积淀，管家帮聘请多位月嫂领域专家与医护服务专家对月嫂进行护理、餐饮、推拿等专业性指导教学，学院实行军事化管理与滚动式强化培训，为月嫂上户的标准化服务提供有力支撑；经过不断深入研究，管家帮月嫂服务逐步形成具有管家帮特色的服务体系，打造出了市场上独具特色的"四维母婴深度护理体系"，从护理、膳食、催乳、形体四个方面为产妇和宝宝提供全方位服务。客户只要花一份钱请一位月嫂，就能得到一个"母婴护理师"、一个"营养膳食师"、一个"催乳通乳师"、一个"身体塑形师"，产妇坐月子会更加安心愉快，宝宝也会健康、科学地成长，让家庭得到最大的受益与回馈！

（1）母婴护理师。一个月嫂肩负"两个妈妈"的责任，从产妇生产的第一天开始，管家帮月嫂就会全面负责产妇及婴儿的日常生活，为婴儿和产妇提供"妈妈般的"专业服务。月嫂都经过了管家帮大学的专业培训，并持有中华人民共和国人力资源和社会保障部颁发的母婴护理师证书，从创面护理到身体塑形，从婴儿的常见病处理及预防到宝宝的全身抚触，都可以让客户享受到专业的护理服务。

（2）营养膳食师。管家帮专业技术团队，会根据产妇的体制和情况，量身定制专属的月子餐和营养高汤。每天都会设置不同的进补餐饮，还会根据具体情况随时进行调整，保障每个产妇都能最大化地得到身体恢复和塑形效果。

（3）催乳通乳师。管家帮联合北京 301 医院、妇产医院等多家顶级医院门诊专家，独创了中医穴位按摩和经络活血推拿术，同时搭配产妇生产后不同阶段的营养月子餐，保证产妇乳腺畅通不阻塞、无肿胀。金牌月嫂实现80%以上的母乳喂养，首席月嫂做到100%全母乳喂养，让宝宝得到妈妈的最好回馈。

（4）身体塑形师。管家帮专家以中医理论为基础，自创了产后理疗法。根据产妇的个人需求，他们会通过精油推拿、背部按摩、穴位疏通等方式，活血化瘀，让伤口快速修复，达到皮肤美容、身体塑形等目的。同时，还能解决产妇产后抑郁、焦虑等压力，给每位产妇带来身心健康和愉悦。

● 管家帮大胆改革的三个秘密

目前，中国年龄在65岁以上的老人约占总人数的10%，需要护理服务的老年人高达1.3亿人，急需面向老年人的养老项目和服务，特别是成人日间托护服务。可是，由于劳动力短缺以及相关保险计划不到位，护理要想覆盖中国1亿多老年人，面临巨大的挑战。

数据预测，到2050年，每4个中国人中就会有1个老人，为了应对人口老龄化，我国政府已经制定出"9073"养老服务模式，即90%的老年人居家养老，7%的老年人社区养老，3%的老年人机构养老。但目前这三种养老服务模式都存在一定的问题，如人力不足、缺少培训、服务内容不标准等。

由于经济承受能力的限制，在中国，仅有10%的老年人能够享受到社区养老、机构养老等服务，剩下的老年人都得居家养老。这就需要家政服务机构为他们提供成人日间托护服务。管家帮是家政领域深耕十多年的著名品牌，为了改善中国老年人的实际生活状态，其重点发展养老产业，对家政员工开设养老专项培训，并将日本养老服务技能与欧美发达国家的管家服务理念结合起来，打造出了一套适合中国国情的养老护理标准。

（1）养老陪护并不是简单护理，而是全方位"管家"。专家认为，养老面临三个问题——经济问题、生活照料、精神慰藉，三者缺一不可。管家帮提供的养老陪护，绝不是简单的常规护理，也没有迎合行业乱象，一味地追低竞价，其提供的养老服务以"家"为核心，以"管""帮"为己任，是一种全方位的"管家"服务。"管家"会与客户直接对接，对老人的健康状况、心理状态和家庭环境等进行科学评估，根据老人及其家庭的具体情况，定制出最具性价比的"一站式"养老服务解决方案；然后，再安排专业养老护理师为老人提供入户服务。这种养老陪护的内容有很多，为了满足不同客户的需求，还为他们提供营养餐烹饪、中医按摩、美容保健等个性化服务。

（2）管家帮以行动履行承诺，积极打造好口碑。管家帮横跨"家政服务""营养服务"和"健康服务"三大品类。针对会员家庭，采用一对一的私人管家服务模式，为管家帮跨服务领域调动资源提供了保证。同时，管家帮全产业链的布局和体系化运作，具备了颠覆行业潜规则的能力，通过招工、培训、信息对接、服务跟踪、标准化建立的体系化运营，统一了家政服务标准，还建立了评价、保险、支付、员工培训等保证体系，最终形成了信息、服务和支付的业务闭环。

（3）独有的一对一私人管家服务模式。管家帮不同于一般的家政企业，是一种让天下家庭后顾无忧的服务承诺。其立足于一对一私人管家服务模式，家政服务人员不是简单的保姆、保洁，而是经过系统培训、具备多种专业技能的高级管家。

管家帮不满足于只做家政互联网领跑者，其打造了整个家政行业的服务标准，管理规范，树立了行业标杆。目前，管家帮正由服务标准化向服务精细化升级，努力提升各产品线的服务质量，力争保持优势，与竞争对手拉开差距。视高素质家政从业人员为核心资产的管家帮，在高端家政服务领域进一步巩固了领先地位。

小马快租：以全民合伙人模式切入办公租赁市场

商业地产、办公室租赁是一块庞大的市场。以深圳为例，目前全市存量写字楼为1000万平方米，创客空间为550万平方米，产业园则是500万平方米，数量可观，且在政府对城市的规划中，全市商业地产还将引来大面积扩建。瞄准此机遇的互联网租赁平台并不少见，隶属于深圳小马快租科技有限公司的小马快租的创新点是以全民合伙人模式切入办公租赁市场，为行业提供了新思路。

● 小马快租眼中的房产中介行业

小马快租于 2016 年 5 月正式上线，6 月底获得 300 万元种子轮投资，投资方为个人，该笔融资将用于团队建设、市场扩建，以及产品迭代。

在小马快租看来，目前房产中介行业存在四大痛点：一是客户体验差，具体表现为流程烦琐、经纪人服务不周；二是人员素质低，房产中介普遍缺乏更完善的服务意识；三是信息不透明，过去房地产业因信息不透明而获得高额利润；四是服务效率低。因此，小马快租通过全民合伙人和全民经纪人模式，希望借助互联网这个工具或说新技术，来提升工作效率以及用户体验，继而完成商业地产的互联网转型。

如今，小马快租主攻 PC 端，辅以微信端，通过"线上选房—智能匹配—陪护看房—撮合交易"的标准流程，为用户提供最贴心的租房服务。用户登录平台后，只要输入基本信息与房源需求，系统就会为其智能匹配相应区域的房源，并通过电话进一步沟通，确定合意后，就可以到线下体验。

与此同时，为了在业主方和企业租户之间搭建快速服务通道，小马快租还直接与开发商、运营商合作，并通过专业的室内摄影、室内全景、街景、地图找房等模式，在移动端 APP 和 PC 端，为租户提供了前所未有的 360 度看房体验。

● 小马快租的全民合伙人和全民经纪人模式

小马快租的全民合伙人，就是小马在扎根的深圳南山区域建立的自由经纪人团队，以负责该区域的办公租赁，至于其余区域如福田、罗湖等，则采取与该区业绩较佳的房产经纪人合作的方式，进而提高服务效率并降低成本。

小马快租的全民经纪人，从一定程度上来说，就是典型的共享经济，所有的用户都能将房源推荐给平台。一旦达成了交易，便能获得提成。同时，小马快租还免收客户佣金，只向开发商或业主收取半个月或一个月的租金作为服务费。

综观市面上的办公租赁平台，如深圳本地的点点租，发展规模已经比较成熟，小马快租必然会充分利用互联网工具来解决现有问题，如工商注册和财务代理服务、办公室装修设计、金融服务资产托管、租金分期、写字楼众筹等，在不断的探索并尝试中，在市场中迅速抢占一块"蛋糕"。

分答：网红经济下的知识技能共享平台

分答属于在行旗下，是一家知识技能共享平台。在分答平台上，用户可以自我介绍，可以描述擅长的领域，可以设置付费问答的价格，其他用户只要感兴趣，就能付费向其提问，对方会用 60 秒的时长来回答。问答环节结束后，用户如果感兴趣，可以继续花钱收听，所付的钱由提问者和回答者平分。

分答是知识经济下的应用，也有自己的游戏规则。

• 分答是如何让知识变现的

2016 年 6 月，分答完成 A 轮融资，估值超过 1 亿美元。分答付费语音的问答应用，在朋友圈吸引了众人的关注，网红大咖和平凡路人都纷纷加入，或付费向答主提问，或"偷听"答案，仅用了半个月的时间，就快速爆红。王健林之子王思聪加入分答的答主队伍后，这一趋势更加明显，32 个问题、近 6 万人的听众，让王思聪轻松赚得 23.8 万元的收入，且数字当时依然在上涨。

知识共享收费或免费的平台培养了诸多知识网红。分答作为知识网红变现工具成为资本和市场关注的焦点。市场认为网红生命周期短、变现模式单一，而分答的成功融资表明，市场低估了网红的变现能力和价值，也说明了互联网巨头对分答前景的信心。另外从"超女""我是歌手"历年捧红的新星歌手的成功经验看，视频网红、知识网红的变现模式等具有可复制性。果壳官方给出的答案是：分答主打的是"知识网红"的概念，目标是让每个人找到最合适的问题回答者。下面我们来看看分答是如何让知识变现的。

首先，收入主要来自"偷听"这个板块，只要有人偷听你的答案，就会付费一元。其中，分答平台抽取 10%，剩下的由提问者与答主平分。比如，王思聪偷听次数最多的答案为 21769 次，分答抽取 10% 的盈利为 2176.9 元，答主与提问者分别获得 9796 元收益。

提问的付费有回报，大大刺激了用户提问的热情。如果偷听的用户足够多，不仅能收回提问的花费，还会获得盈余。也就是说，不管是提问者，还是回答者，或是旁听者，只要是对问题和答案感兴趣的人，都可能获得收益。

对于提问和分享的动力来说，这种分配方式是最具激励效果的。

这个模式最大的特点是确保高额付费者和网红的共赢，你肯出更多的钱，我让你获得的远比一般人多得多，从分答付费可以被名人理睬且可能通过"偷听"赚大钱的预期，这种对"等级特权"时时刻刻的关注，恰恰是网络游戏赚钱模式的翻版。

在分答上，所谓的知识多半都是这样的内容：用户花3000块钱跟王思聪对话，可以与心目中的大咖成为一分钟的朋友，分答在一定程度上满足了很多人的幻想——梦想着与偶像平等对话或成为朋友。

另外，人们总想寻求捷径，希望能够解决困惑，盼望遇到贵人相助，达到事半功倍的效果；希望用一分钟的时间获取别人花一整天、读完一本书才能获取的知识。靠着"高效率知识获取"这个卖点，分答吸引了众多人群。

分答所做的事情，给很多人带来了快乐，远超出内容本身的快乐。

● 分答——知识网红的标配

在运营逻辑上，知识经济和产品经济是有根本不同的。销售产品的互联网平台，不管是天猫，还是京东，运营逻辑都是：给用户足够多的选择，总有一款适合他。结果，商家死磕广告，平台大卖流量，商家忙碌一年，发现自己是在为平台打工。产品不再稀缺时，富裕起来的人就会选择优质服务。可是，优质服务的提供者，医生、律师、心理咨询师、课程教练等，都无法在短期内通过机器进行规模化复制。

在知识经济市场上，游戏规则已经向拥有知识的人转移。内容产生者天然拥有一部分定价权，好的知识经济内容平台，只要做一件事即可——将领域内最好的知识工作者都请到自己的平台上提供服务。好的知识服务是稀缺的，为好的知识服务付费，让自己拥有优先服务权，也会渐渐变成一种新的消费习惯。看到这一趋势，抓住这一趋势，企业就能赢，是大概率事件。

分答就第一批抓住了知识经济的机会。遇到问题时，很多人都想遇到一个明白人，一针见血地点破自己的困惑。自己苦苦不得其解的问题，在别人那里却是风轻云淡的套路，向牛人请教，让他们为自己答疑解惑，早已植入我们的文化深处。

如何让大家愿意付费提问？虽然有人愿意为知识付费提问，但在现阶段这样的人还是不多，知识消费的习惯还需要培养。分答真正高明之处就在于，提问的人可以将自己的问题扩散到朋友圈，朋友圈好友想偷听，就要支付一元钱。这一元钱，提问者分一半，答题者分一半，这就把提问者的积极性调动起来了。

最高明的是，分答抓住了微信红利，只要关注分答服务号，提问有收益，每晚十点，分答都会在你的微信消息里显示今日收入了多少。虽然收入并不多，但依然能够给人带来意外的惊喜；心情好了，人们就会继续提问或偷听。分答打通了流量循环，形成了一种自带流量循环的互联网产品。

切入知识经济的入口有很多，分答却是从问答切入。在分答之前，做问答的平台已经出现，如百度知道、新浪"爱问"等。分答出现之后，各种问答平台更是层出不穷，但他们都忽略了分答运营模式背后的一张牌——在行。在行最大的价值就在于，让在行变成了一个为牛人提供贴心服务的平台。牛人入驻在行是一种荣誉，通过在行接单，获得收益，在行一分钱都不要。

在行靠什么赚钱？分答！只要牛人认可在行，围绕在行就能孵化出知识工作者需要的各种知识服务工具，分答只是培养大家消费习惯的第一款。一旦分答成功了，就可以孵化出围绕知识服务不同形式的垂直消费工具。如果把在行看作免费的淘宝店，那么分答就是果壳网的支付宝。

分答的出现，第一次给了知识工作者新的希望。事实上，很多行家答主并不是微信大号、微博大号，他们赢得很多人信任，是依赖自己专业领域的积累。分答也是一个营销号段子手没有办法主导话题的平台，分答答主天然带专业属性。你要做行家，要做答主，没有专业属性，开通了也无人问津。

作为知识工作者，要预见到借助网络提供知识服务，未来就和现在的商品借助网络销售一样普遍，而且会更方便。毕竟商品还需要物流，而很多知识服务只需要面对面，互联网恰恰是最短时间让大家能不用面对面也能交流沟通的平台。

目前，分答是最领先的知识服务平台。中国的互联网产品，多数都是模仿硅谷产品再进行本土化创新，但分答却是引发硅谷模仿的中国第一个创新互联网产品。这种互联网产品一旦发展成功，前途必然光明无限。

声音是可以带温度的，大家喜欢有温度的人，要做专业的人不仅要做有温度的人，更要善于利用新的平台让别人知道这一点。分答做到了，因而也就成了知识网红的标配。

Rent the Runway：高端衣物租赁平台

Rent the Runway 是美国的一家互联网时尚和奢侈品租赁平台，其经营理念是"尝试改变女人和衣橱之间的关系"。公司抓住女性在衣物上的痛点，采取独特的用户体验和经营模式，给女性带来惊喜。其"使用但不拥有"模式正是分享经济所倡导的。

1. 用户体验和经营模式

女同胞经常会遇到这样的烦恼：每当要出席重要场合时，总需要一件昂贵漂亮的礼服。买一套太贵，而且买回来也就穿几次。Rent the Runway 抓住这一痛点，一件昂贵的衣服，只要花费零售价的 1/10 就能穿一件。既能穿上新衣服，又有效避免了浪费，简直就是女性的福音。

Rent the Runway 为注册用户推荐了上千件设计师作品，从礼服到手包，用户一次性可以选择三款产品。挑选结束后，服装会整齐地放在可重复使用的手提袋中寄出，每件外面都装有塑料袋。使用结束后，只要将衣服简单折叠，放进包中寄回即可（邮资已付）。Rent the Runway 会负责干洗。

Rent the Runway 的租赁价格不高，对热爱服装、平时只在其他店消费的人群很有吸引力。美国网站"商业内幕"的编辑 Jillian D'Onfro 女士就是 Rent the Runway 的早期用户，她觉得，这里的服务虽然不完美，但完全站在消费者角度，过去几个月中表现良好，彻底改变了自己对个人衣橱的看法。

跟其他网站的常规服饰租金比起来，Rent the Runway 简直就是清仓价。比如，租借青色的 Parker 裙子四天，只需花费 2136 美元，但最终算下来只用了 12 美元（月费含税一共 2107 美元，一个月共选择了 29 条裙子）。当然，因为不能下单前试穿，各品牌的尺寸也稍有不同，也可能收到不合身或不理想的服装。这项服务让女性的个人形象得到提升，获得了更多的赞美和自我感觉。

Rent the Runway 的服务还能引发用户的反思：首先，我到底重视衣柜中的什么？其次，不能只重视数量，而忽略了质量。甚至还可以这样想：几个月后我的衣柜空了，但仅有的几件衣服都是漂亮且实用的。

2014 年，Rent the Runway 完成了一轮 6000 万美元的融资，当时估值 5.2 亿美元。此次新一轮融资是自那以来公司的又一个重要里程碑。2016 年 12 月，Rent the Runway 又成功完成了新一轮 6000 万美元 E 轮融资，融资总额已达 1.9 亿美元，可谓顺风顺水。

2. 探索中的 O2O 扩张战略

在拓展业务品类、服务项目和实体门店中，Rent the Runway 经历了漫长的摸索期。在发展规划中，公司引入了"时尚工作室"的服务概念，顾客可以享受到造型师一对一的预约服务，从身材尺码、喜好的品牌、社交圈，到工作中的着装风格，各数据都被详细地存入档案。

Rent the Runway 深知，未来推广给顾客的任何产品都是高度定制的，顾客为一次约会花费的时间和金钱对下一次的租衣有着巨大的指导意义，因此公司在这方面做得格外细致。只要客户承诺每年租赁三次，每次租衣的租金就只有 65 美元。

Rent the Runway 还和美国高端百货 Neiman Marcus 旧金山旗舰店合作，内部设立的面积约 230 平方米的"梦想衣橱"租衣专门店开放。该服务的推出在几周内明显带动了 Neiman Marcus 的销售额。Neiman Marcus 带动消费的大多是新顾客，他们在这里租赁了礼服之后，通常会去别的楼层购买搭配的鞋履、手袋等，Neiman Marcus 计划明年增设更多的专门店。

转战线下，如何开 Rent the Runway 实体店呢？重要的是对客户群进行分析。Rent the Runway 的客户群像一个真实的运营社区，1/6 的人会上传自己租衣产品的详细细节照，并标注自己的体重、胸围等。客户平均年龄为 29 岁，不仅追求自己的穿衣风格，还想用便捷的互联网渠道（APP）获得服装产品。Rent the Runway 主要为 18～80 岁的客户提供服务，90% 都是职场女性，非常重视便捷和节约时间。

目前，Rent the Runway 有 450 家供应商，租金从 30 美元至 400 美元不等。50% 的库存是单件服装和配饰，剩下的绝大多数是连衣裙。因为现在对于单件服装的需求正在快速增长，现代女性不会像 20 世纪 80 年代那样穿着像外壳一样的套装去办公室。

在不断扩张业务的同时，Rent the Runway 也面临着各种挑战。比如，无法让店员始终在上新分类时保持高效工作；无法流畅地从合作方 Neiman Marcus 店中获取客户的偏好；团队成员无法快速分析出客户会买哪些衣服、会租哪些衣服。

此商业模式的一个副产品是，让 Rent the Runway 几乎成了全球最大的干洗公司。公司将在现有的实体门店基础上更好地提升客户体验，同时为工作人员提供更先进的技术支持，并强化客户所在社区之间的沟通交流。

参考文献

［1］徐斌、张帆、胡晖：《协同创新思维：分享经济时代创新之道》，人民邮电出版社，2016 年版。

［2］鲁行云：《分享经济的五个要素》，《创业邦》2015 年第 2 期。

［3］陈春花：《经营的本质》，机械工业出版社，2013 年版。

［4］宗毅、小泽：《裂变式创业》，机械工业出版社，2016 年版。

［5］［美］克莱·舍基：《认知盈余：自由时间的力量》，胡泳译，中国人民大学出版社，2011 年版。

［6］［美］詹姆斯·弗·穆尔：《竞争的衰亡——商业生态系统时代的领导与战略》，梁骏等译，北京出版社，1999 年版。

［7］［美］杰里米·里夫金：《零边际成本社会》，赛迪研究院专家组译，中信出版社，2014 年版。

［8］［美］雷切尔·波茨曼、鲁斯·罗杰斯：《共享经济时代：互联网思维下的协同消费商业模式》，唐朝文译，上海交通大学出版社，2015 年版。

［9］其他资料来源：红商网、钛媒体、梅花网、百度等网站最新资讯。

后　记

　　分享经济是一种新的经济形态，已经深刻影响到社会经济的各个领域，并引发了战略规划、商业模式乃至企业文化等方面的一系列变革。如何理解、接受并融入这个经济热潮，是当下每一个人都必须面对的问题。

　　接受新事物对任何一个人来说都需要一个过程，思想的转变是首要。思想的转变首先从认知开始，所谓思想决定行为，行为决定结果。要全面理解分享经济的时代背景，仔细分析分享经济的特点，认真了解分享经济商业模式，并把握商机，积极投入，认真运作。在这之中，有三个关键需要注意：第一，了解供需信息；第二，懂得如何分享；第三，充分运用互联网新技术。这三点是参与分享经济的三大"抓手"，缺一不可。以交通出行方式为例，交通出行方式有它的不便之处，但滴滴发现并抓住了其中的商机，滴滴所践行的模式和分享经济，有效地解决了出行难题，缓解了城市交通拥堵，改变了交通出行不便的状况，而滴滴平台的那些司机也在这个平台上找到了自己的位置，实现了自己的价值，同时滴滴公司也取得了快速的增长和发展。

　　分享经济就在身边，让我们来一起经历：有一双慧眼，能带给我们很多机会。打开慧眼，需要慧心，而有了分享思维，则慧心已具，慧眼能开，最后将心想事成！